小さなスペースで楽しむ

はじめての多肉植物ガーデン

監修

羽兼直行

成美堂出版

多肉植物の小さなガーデンを楽しんでみませんか?

ぷっくりとした、かわいい姿に癒される。
オブジェみたいな不思議な形と独得の質感がクール。
手間がかからないから、育てるのが楽……。
そんなことから、人気がどんどん高まりつつある多肉植物。
でもなかには多肉植物を、
インドアプランツと誤解している方もいるようです。

多肉植物は、大自然のなかでは地面や岩に生えています。
ですから地面に植えたり屋外で育てると
実はよりイキイキとした姿を楽しむことができるのです。
しかも草丈が低く小型の品種も多いので、
狭い場所や小さなスペースで育てるのにも向いています。
また管理が楽で、一年中楽しむことができるので
多肉植物ガーデンは忙しい人にも向いています。

多肉植物には、皆さんが思っている以上に
もっともっと豊かで幅広い魅力があります。
ガーデンに取り入れて、新しい多肉植物の世界を
楽しんでみませんか?

Contents

こんなところが
小さな多肉植物ガーデンに

多肉植物は、土が少ししかないところでも
“隙間” 程度のスペースでも元気に育ってくれます。
だからどんな小さな場所も諦めないで。
多肉植物を生かしたガーデンに変身させませんか?

奥行きが狭い細長いスペース

駐車場や建物沿いの細長いボーダーガーデンや「植えます」(高さのある植栽スペース)は、多肉植物にうってつけ。草丈の高い植物と組み合わせると立体的になります。

土のない場所に「植えます」を

ベランダやコンクリートなどで固めた場所は、「植えます」をつくってみては？ 多肉植物は土が少なくても育つので、底上げして軽量化が可能です。

フロントガーデンなどのシンボルツリーの根元に、宿根草と合わせて。存在感のある大きめの多肉植物を植えると、花がなくても印象的になります。

雑木の根元に宿根草とともに

雨がかかりにくい軒下

多肉植物は過湿を嫌うものも少なくありません。雨の当たりにくい軒下を利用すると、安心して育てられます。四角い器は「十二の巻」「パリダ」「神刀」「舞乙女」などの寄せ植え。

敷石やコンクリートの隙間

グラウンドカバー向きの品種や丈夫なものは、こんな使い方も。敷石の間の砂利と調和して、ミニロックガーデンのようです。

小さなデッドスペース

庭の隅のデッドスペースも、セダムを中心にモルタルアートやミニチュアの小物と組み合わせてこんなにファンタジックに。思わず引き込まれてしまいます。

ベランダや玄関まわり

あまり雨が当たらないベランダや玄関まわりは、多肉植物を育てるのに向いています。鉢や小物を工夫して、個性を発揮する場所にしてみては。

フェンスやウッドパネル

土がない場所は、ハンギングで立体的に。管理の手間もかからず、ガーデンのアクセントになります。

多肉植物ガーデン4つの？

Q1 地植えで育てられるの？

A 多肉植物というと鉢植えを思い浮べる人が多いようですが、そもそも植物なのですから、むしろ地植えのほうが自然な姿だといえます。ただし原産地と日本は気候が違うので、すべてが地植えに向いているかというと、そうとは限りません。梅雨の長雨や夏の高温多湿、冬の寒さを嫌う品種もあるので、丈夫で育てやすい品種を本書110～123ページを参考に選んでみてください。

Q2 冬は越せるの？

A 一概に「イエス」とはいえません。というのも日本は南北に長く、起伏もあるので、地域によって気候がかなり違うからです。房総半島や紀伊半島、九州南部、沖縄などでは、よほど寒さに弱い品種でない限り地植えで冬を越すことができるでしょう。しかし寒冷地では、そうはいきません。寒さに弱い品種は鉢植えにして冬は屋内に取り込むなど、工夫が必要です。

多肉植物でガーデンをつくりたいけど、自分にもできるの？
始めるにあたって多くの人が抱く疑問にお答えします。

Q3 多肉植物以外の草花と一緒に植えても大丈夫？

A 基本的に大丈夫です。ただし他の植物が茂ったせいで日陰になると、背の低い品種の中には弱るものも出てくるでしょう。生育旺盛で根がどんどん伸びる植物のせいで、多肉植物が負けてしまう場合もあります。また、多湿を好む植物を一緒に植えることもおすすめできません。ある程度、生育環境が近い植物が向いています。

Q4 管理の手間は？

A ローメンテナンスで手間がかからない点も、多肉植物ガーデンの魅力のひとつです。花が多いガーデンの場合、花がら摘みなど日常の管理が欠かせませんが、多肉植物ガーデンの場合は、ほぼ放置しておいても大丈夫。時々ようすを見て適切な世話をするだけでいいので、忙しくてなかなかガーデン作業に時間をさけない人にも向いています。

アエオニウム
「黒法師」

多肉植物ガーデンにようこそ

家のまわりやベランダ、フロントガーデンなど、
多肉植物ガーデンになりそうな場所はみつかりましたか？
多肉植物だけを植えるのか、あるいは他の植物も一緒に植えるのか。
鉢植えやリース、ハンギングと組み合わせる方法もあるし、
ウッドパネルや棚を利用して、個性的な世界観をつくることも可能です。
形や色、質感が面白い多肉植物には、
他の植物とはまた違った独得の魅力があります。
その魅力をガーデンでどう表現していくかは、あなた次第。
固定観念にとらわれず、自由な発想で
思い思いの多肉植物ガーデンをつくってみましょう。

アエオニウム
「ベロア」

グラプトペタルム
「ブロンズ姫」

アエオニウム
「サンバースト」

Part 1

お手本にしたい
小さな多肉植物ガーデン

CASE 1
埼玉県
堀内さん

草花と多肉植物が調和するナチュラルガーデン

どんどんふやして地植えと鉢植えを堪能

バラや宿根草で、ナチュラルな雰囲気の庭づくりを楽しんでいる堀内さん。庭のあちこちにある鉢植えや地植えの多肉植物が、草花と自然に調和しています。

「多肉植物は品種によっては簡単にふやせるので、葉挿しをしてどんどんふやして、あちこちで使っています」と堀内さん。多肉植物は雑貨とも合うので、個性的な鉢を選び、雑貨と一緒に楽しんでいるそうです。

コツは軒下など、雨がかかりにくい場所を上手に使うこと。よっぽど風雨が強いとき以外は、軒下はそれほど雨の影響を受けません。ですから過湿に弱い品種でも育ちやすく、霜の害も防げます。

「一度、外に置いてあったルビーネックレスが、雨に濡れてパンパンに膨らんで、あわてて軒下に入れたことがあります」

軒下にはグラウンドカバーとして、センペルビブムやセダム類を地植えしています。また室外機カバー兼用の棚をつくり、雑貨とともに鉢植えをディスプレイ。夏にハオルシアを枯らしたことがあるけれど、それ以外は今のところ元気に育っているとか。枯れる品種は環境に合っていないと諦め、元気に育つものを楽しんでいるそうです。

ふやした苗で小さな寄せ植えをつくり、ベランダの手すりや玄関の柱など、雨が直接かからない場所のアクセントに。上の寄せ植えは、「姫星美人」と花をつけるのはめずらしいセンペルビブム。

Point 1 軒下をうまく利用

雨に濡れにくく、霜の害も受けにくい軒下は多肉植物にとって暮らしやすい場所。鉢植えを置くのにも、地植えにも向いています。棚や桟などをつくると、立体的に楽しめます。

多肉植物を植えた小型の鉢を、ワイヤー籠に入れて。このひと工夫で雰囲気が変わり、場所の移動も簡単に。左端から「若緑」「シーオニオン」「花月夜」。

上：クラッスラ「舞乙女」「神刀」などを使った寄せ植えを軒下に置いて、直接の雨を避けて。下：セダムやアガベを棚の下の足元に植え、ナチュラル感を演出。左：「ミセバヤ」の丸みのある葉が風景を引き立てている。

CASE 1

棚はあえてペンキ塗りをせずに、素朴な雰囲気に。ナチュラルなテイストが、多肉植物と合っている。小物との組み合わせ方に注目。

Point 2 室外機カバーをディスプレイ棚に

エアコンの室外機カバーを兼ねた棚をDIYで設置。
ディスプレイ用の小さな棚もつけて
多肉植物や雑貨を楽しめるスペースにしています。
軒下で雨が直接かかりにくいので
多肉植物を育てるのにぴったりの空間です。

上：鮮やかな色の木の小物が、全体のアクセントに。
左：多肉植物の鉢をワイヤー籠に入れ、小物を添えて。

Point 3 雑貨を組み合わせて

ジャンク小物やアンティーク、古い空き缶などを上手に利用して
多肉植物を合わせています。鉢も自分でペンキを塗り、個性を発揮。
どんな組み合わせにするか考えるのも、楽しい時間です。

右：お気に入りの缶にセダムを植えて。中：自分で塗った鉢など、個性的な鉢使いに注目。ミニチュアのブリキ細工がポイントに。上：さりげない小さな寄せ植えとブリキの雑貨が似合っている。

右：重厚感のある石の鉢が、多肉植物の質感と調和。
下：アンティークの調理器具を鉢として利用。

Point

4

梯子で立体的に楽しむ

アンティークの梯子を棚替わりに利用し、
玄関前の軒下に置いています。
空間を立体的に構成でき、
しかも場所をあまりとらないので、
小さなスペースでも何鉢も飾ることができます。

上：それぞれの段に寄せ植えなどを置き、立体的にディスプレイ。
左：ふやした苗を利用した寄せ植え。徒長したものを切って挿し木したアエオニウム「黒法師」の濃い色が、全体を引き締めている。

注目のアイデア

ふやして楽しむ小さな多肉植物

堀内さんのお庭には、あちこちにミニチュアサイズのかわいい多肉植物が飾られており、小人の国に迷い込んだよう。抜群のかわいらしさです。ふやした小さな苗は、雑貨などを利用してこんな使い方もできるのですね。

小さな器の中で
もりもりとふえていく「巻絹」

「グリーンネックレス」「愛星」
などを寄せ植えに。

「巻絹」の脇に「姫星美人」を
ちょっと添えて。

CASE 2
東京都
角野さん

ベランダと屋上をガーデンに

鉢や他の植物と調和させてスタイリッシュな風景を

角野家の2階のリビングルームに面したベランダに出ると、まず目に入るのが、存在感のあるアエオニウム。「黒法師」や「艶姿」が、思い思いの向きに伸びています。部屋の中には、窓際にサボテンや多肉植物のためのスペースが。世話をしているのは、ご主人。多肉植物を育て始めて3年目です。

「多肉植物の魅力は、なんといっても形状や質感の面白さ。なので、見た目で心惹かれたものを買います」と、角野さん。年に数回、軽井沢の専門店に買いに行くそうです。

「生長がゆっくりで程よいところも

アエオニウム「黒法師」を中心に低木などを合わせて、テラスを飾る。

Point 1

シンプルな鉢で植物の姿を強調

シンプルな鉢を利用することで
多肉植物の形状の面白さが強調されています。
シダ類など、多肉植物と調和のとれる植物と合わせて、
原始を思わせるちょっと不思議な風景に。
統一感のある鉢が、シックな雰囲気を
醸し出しています。

右：「艶姿」の足元に「ハオルシー」を。上の袋にはオトンナ「ルビーネックレス」とセダム「虹の玉」。
下：不思議な形をしたユーフォルビア「レウコデンドロン・セッカ」。

左：シダ類が多肉植物と調和している。
下：透明な葉姿が面白いハオルシア「オブツーサ」。

魅力ですね。想像もつかない伸び方をしたり、突拍子もない花が咲いたりして、驚かされることもあります」

　アンティークやジュエリーを扱うお店を経営していることもあり、鉢使いやディスプレイのセンスは抜群。屋上には、株立ちの木や宿根草でつくったルーフガーデンもあり、多肉植物を地植えで育てています。冬を越せなくて枯れた品種もありますが、残ったものは元気に育ち、冬は紅葉も楽しめます。

　多肉植物やサボテンは、ふえたらおしゃれな鉢に植えてプレゼントにしているとか。「けっこう、ケーキより喜ばれることもあるんですよ」

Point

2 明るい窓辺にサボテンと多肉植物のコーナーを

室内の窓辺には、多肉植物やサボテンのコーナーが。
日照も確保でき、窓を開ければ風が当てられるので
寒さに弱い品種もよく育ちます。
見せ方も工夫しているので、リビングのアクセントに。

左：サボテンを植えてあるのはジュエリーボックス。まるで人が踊っているよう。
下：上に伸びるアエオニウムは最上段に。

左：透明感のあるハオルシア「クーペリー・ピリフェラ」（左の棚上段）や、白い毛をまとった「マミラリア」「白星」（右の棚下段）などが光を受けて美しい。

上：株立ちのアオダモの根元に、ギボウシ、クリスマスローズ、カレックス、ガウラなどとともに多肉植物のエケベリア「高砂の翁」「ギガンティア」「パリダ」「ジュリア」などが植えられている。

Point

3 雑木や宿根草と調和させて

ナチュラルな雰囲気の屋上の
ルーフガーデンではシンボルツリーの
根元に宿根草とともに多肉植物が。
大きめ品種で存在感を出しています。

上：インパクトのあるアエオニウム「ベロア」。
中：覆輪が美しいアエオニウム「ハオルシー・トリカラー（夕映え）」。
下：六角形の個性的な鉢に寄せ植えを。

細長い鉢に約20品種を寄せ植え。植えて時間がたつにつれ、暴れるものも出てきて面白い姿に。

Point 4

生長して踊る姿を楽しむ寄せ植え

多品種を寄せ植えにすると、思い思いに伸びてゆき、
暴れる品種もあれば、やがて淘汰される品種も。
そんなふうに自由に生長していく姿も、多肉植物の魅力。
形を変えていく、生きているオブジェのようです。

注目のアイデア

シックな鉢で大人っぽく

鉢によってさまざまな表情を楽しめるのも、多肉植物やサボテンの面白さ。シックな鉢と合わせると植物の質感や形状をより強調でき、大人っぽい雰囲気を演出できます。同じ鉢を並べても、リズムが生まれて、アート的な感覚に。

上：錆びた缶がいい味を出している。左上：サボテン「象牙団扇」と「白桃扇」を交互に植えて、芽が出る様を楽しんで。左下：さまざまな多肉植物を同じ鉢に植えて、窓辺に並べている。

CASE 3
神奈川県
奥山さん

夢が広がるジオラマガーデン

多肉植物のユニークな形はジオラマにぴったり

奥山さんが多肉植物を使ったジオラマをつくり始めたのは15年前。多肉植物のユニークな形を生かし、独得の世界観を表現しています。ジオラマのための「植えます」も、すべて手づくり。水はけがよくなるよう、下1/3に鹿沼土と赤玉土を混ぜたものを入れ、残りは軽石の細かいものを使っています。

「軽石を多くすることで、雨が降っても傷むことがなく、地植えの状態で元気に育っていますよ。すべて屋外で冬越しさせています」

奥山さんによると、ジオラマの風景をつくるポイントは石。気に入った形のものをためておき、つくりたい風景に合わせて配置していきます。多肉植物は土がほとんどなくても育てられるので、流木に穴をあけて小さな芽を挿し込み、ミズゴケで留めるといった使い方も。

美しい形を保つためには、多肉植物の仕立て直しも重要。徒長したら切り戻すなどして、なるべく形が乱れないようにし、枯れた葉はピンセットで取り除いています。

「多肉植物は形も色も魅力的ですし、冬も枯れずに一年中美しいのがいいですね。玄関のジオラマは、道行く人たちも楽しんでくださっているようです」

Point

1 階段を利用したミニワールド

道路から門扉に続く階段を、立体的なジオラマワールドに。
多肉植物の形状の面白さを十二分に生かすことで
ユニークな風景が実現しました。
眺めていると、小さな世界に吸い込まれてしまいそうです。

上：ジオラマの人形なども利用。下：センペルビブム「紅薫花」が並んでいるようすは、南半球の乾燥地帯の風景のよう。

上：流木に穴をあけて、エケベリア「白牡丹」やセダム「乙女心」などの小さな芽を差し込んでいる。

中、左：思わぬところにミニチュアサイズの人の姿が……。

CASE 3

多肉植物の形状の違いが、風景をつくっている。しゃこ貝の使い方にも注目。

クラッスラ「ブッダテンプル」

クラッスラ「珠々姫（ジュズヒメ）」

セダム「姫玉つづり」

ハオルシア「コアルクラータ」

Point

2 DIYの「植えます」で見やすい高さに

玄関脇につくられた「植えます」の前で
訪れた人は思わず足を止めて見入ってしまいます。
高さがあるので縁に「グリーンネックレス」など
下垂性の品種を植えることで、より立体的に。
岩山状の石がフォーカルポイントになっています。

上：目をこらすと、あちこちに思わぬものを発見できる。
右：ふえていく子株もかわいいセンペルビブム「ミセスジョゼフィー」と「アトロービエラ・セウムハイリッチ」。

右：ちょっとした窪みにレリーフと組み合わせて、アガベ「ナンバーワン」、エケベリア「七福神」、セダム「乙女心」などが植えられている。

Point 3

ちょっとしたスペースも利用

土が少なくても十分に育つので、
どんな小さなスペースでも生かせるのも多肉植物ならでは。
ジオラマ用の小物と組み合わせるなどして、
ちょっとしたスペースにも世界をつくっています。

上：目を近づけてみると、こんな感じに……。
不思議の国に紛れ込んだよう。
左：火山岩の窪みに、アロエ「翡翠殿」
セダム「乙女心」を。秋には紅葉が楽しめる。

注目のアイデア

アクセントになるジオラマアイテム

ジオラマガーデンに欠かせないのが、家や人間、構造物など。奥山さんは自作するほか、鉄道模型や外国製のジオラマ用の小物も利用しています。小さなレンガや橋など、さまざまなものが揃っています。

ジオラマ用に市販されているミニチュアサイズの家。
敷石もジオラマ用のもの。

竹ひごでつくった自作のつり橋。
人間は既製品を利用。

CASE 4
東京都
米山さん

小さなコーナーごとに世界観を

上：木の板に穴をあけ、セダム「コーカサスキリンソウ」「虹の玉」などを植えている。右：割れた古レンガなどを使って鉢がわりに。ざっくりした風合いが、多肉植物によく似合う。後ろの鉢には「女王の花笠」、手前のレンガには「桃源郷」「火祭」「胡蝶の舞」など。

Point 1

軒下を利用したDIYの多肉植物コーナー

軒下のコンクリートのたたき部分に
DIYで多肉植物コーナーを設置。
風通しがよく、雨や霜を防ぐことができるので
多肉植物を育てるのにぴったりの環境です。
鉢や小物を工夫し、“見せる”場にもなっています。

下：目の粗い鉢やレンガは、色を塗っても楽しい。下左：割れた穴あきレンガとネットを組み合わせて鉢として利用。

上右：「ルビーネックレス」と針金でミニハンギング。上左：「月兎耳」と「グリーンネックレス」の、質感や形状の対比が面白い。

小さなスペースをDIYで変身させて

ご夫婦でガーデニングを楽しんでいらっしゃる米山さん。奥様の雅子さんが植栽のデザインやメンテナンスなどの仕事をしているだけあって、ご自宅のガーデンにもさまざまなアイデアが生かされています。

できるだけ屋外で育てたいので、軒下にDIYで多肉植物のためのコーナーを設置。なるべく風通しをよくするため、バックパネルには穴をあけ、窓をつくりました。

雅子さんによると、「多肉植物はカッコよさとかわいらしさの両方あって、見せ方次第でどちらにもなるところが魅力的ですね。鉢を変えるだけで、雰囲気がガラッと変わります」

その言葉通りさまざまなものを鉢として楽しんでおり、廃棄されていた割れた穴あきレンガなども、鉢として再生させています。

建物に面した駐車場脇の小さなスペースは、石材を利用してロックガーデン風に。多肉植物やカラーリーフで、シックに大人っぽくまとめられています。「フォーカルポイントにどうしても欲しかったのが、存在感のある大株のアガベ。屋外での越冬が難しい品種なので鉢ごと埋め込んで、冬は室内で管理しています」と、雅子さん。ちょっと南国風な感じもある、個性的なスモールガーデンです。

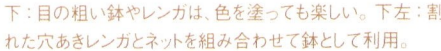

CASE 4

ガーデンのポイントにアガベ「笹の雪」を植栽。冬は屋内に入れて管理するため、鉢ごと植え込んでいる。

Point

2 ロックガーデン風のスモールガーデン

駐車場脇のちょっとしたスペースをロックガーデン風に。
高くしたスペースは軽石を入れることで水はけも確保し、
雰囲気づくりにも役立っています。
冬越しが難しい品種は鉢ごと埋めて楽しんでいます。

注目のアイデア

簡単にできるロックガーデン風スペース

石材を並べて縁取りにし、段差をつけて積み上げ、植物用培養土を入れて植栽スペースに。高さを出した分、水はけもよくなります。背景にフェンスをつくることで、家の建材のテイストが弱まり、スモールガーデンとして独立した雰囲気に。

道路に面した小さなスペース。土質がよくないので、このままでは植栽しにくい。

背景のフェンス用の柱を立て、石材を積んだところ。間に培養土を入れていく。

上：セダム「白雪ミセバヤ」などの形の面白さを引き立てるよう、植え方や化粧砂もそれぞれ変えている。左：何気ない木の棚も、色を塗ってエイジング仕上げをするとおしゃれに。

上：古くなった水道管の部品を鉢がわりに。クラッスラ「星乙女」など。下：植物の形と質感を生かすように鉢も、いろいろ変化をつけている。サンセベリア「エレンベルギー」など。

Point 3 棚に並べて楽しむ

軒下に棚を置いて、お気に入りのコレクションを並べています。
日当たりがよく、雨を受けにくいので、多肉植物にはいい環境。
鉢もいろいろ工夫して、個性的に。
サンセベリアなど寒さに弱いものは、冬は室内に入れます。

右：鳥かごの形をしたアンティーク・グッズの中に、愛らしい寄せ植えを。左：発泡スチロールを削り、モルタル素材を塗って、壁掛け風の鉢に。

Point 4 小さな寄せ植えで風景をつくる

多肉植物は品種によってはどんどんふえていくので、
ふやした苗を利用して、小さな寄せ植えを。
何に植えて、どんなものと組み合わせるのか。
工夫次第で、小さくても風景のアクセントになります。

CASE 5

神奈川県
市川さん

ガレージやフェンスを立体的に活用

環境に合った品種で自由にのびのびと

DIYはご主人が担当し、ご夫婦で多肉植物ライフを楽しんでいる市川さん。「うちは、多肉植物を育てるのに決していい条件というわけではないのです」と奥様は言います。

庭が狭いので、ガーデンとして使える空間は元駐車場だったスペースや道路沿いのフェンスなど。フェンスは北向きなので、多肉植物が日焼けする心配はありませんが、日照不足で徒長したり寒さで弱る品種も。枯れてしまったら環境に合わないと諦め、試行錯誤しながら品種を選び、ハンギングなど立体的な楽しみ方を中心に多肉植物を育てています。

「多肉植物はかわいらしいし、土がないところでも育てられるのがいいですね。それに植えて1～2年たつと、だんだん形が成熟していくところも魅力的です」と奥様。寄せ植えやハンギングをつくる際は、生育タイプが夏型の品種と冬型の品種を混ぜないという点のみを気をつけ、あとはあまり考えすぎずにどんどん試してみるそうです。

何を見ても「多肉植物を植えたい」とアイデアがひらめくそうで、近くの海岸で流木を拾ってきたり、壊れた家具に色を塗って使ってみたり。「乾燥に強くて丈夫ですし、多肉植物には無限の可能性がありますね」

左：ブルーと合う葉色の品種を集めた寄せ植え。
下：蛇口つきのジャンクな鉢に、「姫吹上」と「ミセバヤ」。

Point 1 雑貨は色を決めて統一感を

椅子や木製の籠は、ペンキで淡いブルーに塗って。多肉植物の葉にはブルー系の色のものもあるのでうまく調和してお互いに邪魔をしません。

右ページの元ガレージには、とがった葉が存在感のあるアガベ「吹上」（右下）をポイントに据え、さまざまな多肉植物の寄せ植えを中心に楽しんでいる。下：壁面に流木など廃材を利用して、花のような形のエケベリアや「ミセバヤ」など垂れ下がる種類を多用してハンギングをつくりユニークな空間に。

Point 2 道路沿いのスペースを利用

DIYで木の枠をつくり、ハンギングのスペースに。既製品のハンギングバスケットに頼らずアイデアを生かして個性的な見せ方を楽しんでいます。

上右：自然木の風情ある板に穴をあけ「火祭」「星美人」「パラグアイエンセ」をミズゴケで植えている。上左：「白姫の舞」と「姫玉つづり」は何年も植えっぱなし。伸びていく姿を楽しんでいる。左：海岸で拾った流木は塩気を抜いてから、好みの形に仕立てて使用。「オーロラ」「春萌」など。

Point 3

土がない場所は“掛ける”にこだわって

庭がほとんどないという条件を逆手にとって
さまざまな“掛ける”工夫をし、空間を立体的に演出。
個性的なハンギングなどで、
多肉植物の可能性を広げています。

上：庭木の下に棚をつくって「秋麗」を配し、直接の雨を避けている。数年間植えっぱなしでも元気に育っており、自然のままに伸びていく様が表情の豊かさで飽きさせない。
左：隣家との境のフェンスには、額縁仕立ての美しい目隠しに。

CASE 5

左上：幼児向けのおもちゃをペンキで塗って鉢入れに。左下：窓型のパネルをつくり、鏡をはめ込んで、ポーチュラカリア「雅楽の舞」、ハオルシア「十二の巻」など。下：奥様が若い頃使っていた鏡台の一部を、ハンギングの背景に再利用して、「白姫の舞」や「パラグアイエンセ」など。

Point 4

DIYの小物を多肉植物と組み合わせる

多肉植物と合わせる雑貨をつくるのも
楽しみのひとつ。
古くなって壊れた家具など、さまざまなものが
工夫次第で多肉植物の器になります。
会心のものができると、喜びもひとしお。
つくる楽しみと育てる楽しみを堪能しています。

注目のアイデア

ふやした苗でミニ寄せ植えを

折れた枝やふやした苗でミニ寄せ植えやミニ鉢をつくり、台所の窓辺や洗面台の隅、家具の上などに。小ささがかわいらしさに通じるので、エッグスタンドや小瓶、小箱などを活用して楽しんでいます。

上：挿し木でふやした芽を小さな器に植えて、窓の近くのインテリアのポイントに。
左：ピーター・ラビットのガーデンのイメージで。

CASE 6
東京都
若松さん

ハンギングや寄せ植えをアクセントに

左：黒い手つきの鉢に、ぽってりとした質感の多肉植物がよく合っている。
下：ジャンクテイストの器に針金を通して、ぶら下げられるようにして利用。

下右：靴型の鉢にクラッスラ「クーペリー」、エケベリア「フロスティー」「アフィニス」などを寄せ植えに。下左：雑貨の小さなバケツに、斑入りのワイヤープランツを植えて。

Point 1

鉢や小物を工夫してディスプレイ

形状や色の違うさまざまな多肉植物を
個性的な鉢に植えて、ベランダのポイントに。
大小の鉢を立体的に配置し、小物を組み合わせることで
狭いスペースに豊かな風景が生まれます。

空間を立体的に活用し 小さなスペースを劇的に

ガーデンとベランダで多肉植物を楽しんでいる若松則子さんは、寄せ植えやハンギングの講師として活躍し、多肉植物を使ったリースや寄せ植えなどでも定評があります。

「ベランダでもガーデンでも、存在感のある寄せ植えやリースがひとつあるだけで風景が変わります。多肉植物の寄せ植えやリースは、花を使ったものほど派手ではありませんが、時間がたつにつれて植物どうしが馴染んで、飽きがきませんね」と若松さん。組み合わせ次第で、多肉植物だけでも、十分ゴージャスさや華やかさを出すこともできるそうです。

コツは、色と質感の調和を考えて品種を選ぶこと。同系色の品種を集めた場合も、濃い色や白っぽい葉色の品種をアクセントカラーとして加えると、コントラストが生まれて全体が引き締まります。

ベランダの奥行きが狭いので、立体的にディスプレイして、空間を上手に活用。大小の鉢でメリハリをつけ、小物を組み合わせて、風景をつくっています。庭は隣家が迫っているため、目隠しのためウッドパネルを設置。棚をくぼみ状にしたので、雨が直接降りかかるのを防ぐことができ、多肉植物にうってつけの場所になりました。

右：アンティークの椅子は空間のポイントにもなり、寄せ植えやリースを飾る場所としても活躍。

上：繊細な椅子のフォルムが、多肉植物とよく合っている。左：アンバー系の品種を集めた寄せ植え。「月兎耳」のふわっとした質感がアクセントになっている。

Point

2

存在感のある寄せ植えで風景をつくる

存在感のある寄せ植えが
ひとつあるだけで
ベランダの風景が変わります。
フォーカルポイントにするには
鉢も存在感のあるものを
選ぶようにします。

右：ゴージャズなリースは、空間の主役に。
下：門の柱の上にさりげなく。紫葉と鮮やかな緑色、ベゴニアのピンクの色合わせに注目。

Point 3

庭のアクセントに多肉植物を

葉色や質感の違いが魅力的な多肉植物は
使い方次第で庭のアクセントになります。
存在感のあるリースなどはフォーカルポイントに。
あるいは、ちょっとしたスペースにさりげなく。
ガーデンの表情を豊かに彩ってくれます。

注目のアイデア

紅茶の缶を鉢に

多肉植物は底に穴があいていない容器でも育てられるので、どんなものでも鉢として利用することができます。紅茶の缶も、植える植物との組み合わせでこんなにおしゃれに。ポットやブリキのバケツも、鉢として利用しています。

上：ブリキの器には「リプサリス」、ポットにはペペロミア「ロツンディフォリア」が植えてある。左：左はセダム「丸葉マンネンソウ」、右はクラッスラ「若緑」。

CASE 7
東京都
林部さん

プランターでつくるミニガーデン

植栽デザインTRANSHIP

上：存在感のある「ベロア」と、下垂性の「グリーンネックレス」のコントラストがダイナミック。右：家のまわりのわずかなスペースを、プランターと足つきの鉢置き台で立体的に。

多彩な多肉植物でキャンバスに絵を描くように

家のまわりに置かれたプランターには、色とりどりのさまざまな多肉植物が。その美しさに、道行く人たちも思わず足を止めるほどです。まるでプランターひとつが小さなガーデンのようで、多肉植物だけでこれほど多彩な表情が生まれるのかと、驚いてしまいます。

もともとは多肉植物に興味がなかったけれど、今ではすっかり多肉ファンだという林部さん。「ほとんど管理の手間がかからず、放っておいても元気に育ってくれて、しかも冬もきれいなのがいいですね。徐々に伸びて形を変えていくようすも楽しいです」とのこと。これからもずっと、多肉植物とつき合っていくそうです。

隣り合う植物の色や質感の違いがアートのよう

質感や色、形の違う品種を一緒に植えることで、これほどまでに豊かな世界が。多肉植物の新しい魅力が発見できます。

❶グラプトペタルム「パラグアイエンセ」
❷エケベリア「ダスティローズ」

❶センペルビブム「アルファ」
❷エケベリア「ニクサーナ」

❶セダム「オーストラーレ」
❷セダム「クラバーツム」

❶グラプトセダム「秋麗」 ❷エケベリア「ルンヨニー・トプシーツルビー」
❸セネシオ「グリーンネックレス」

右：うさぎのオーナメントでかわいらしく。バラの花のようなエケベリアと鮮やかな黄金色のセダムの対比が美しい。

左：「黒法師」や「ベロア」、斑入りの「サンバースト」などが印象的。
下：のびのび育つ数種類のセダムと、紫葉や青葉の品種が調和している。

CASE 8
東京都
大石さん

隙間や細長いスペースを利用して

植栽デザイン
TRANSHIP

左：数種類のセダムが元気に広がっている。下右：セダム「スプリューム・トリカラー」とタイムを混植。下左：「スプリューム・ゴールデンズバッド」

上：多肉植物ではないが、多湿が苦手なオーストラリアの植物は多肉植物との相性がよく、わずかなスペースで大活躍している。左：敷石との間のスペースに植えられた手前、グラプトベリア「初恋」とギザギザした葉のカランコエ「不死鳥」。

オーストラリアの植物と調和させて

駐車場とアプローチの間の、わずか幅40cmほどの細長いスペースに植えられた珍しい植物の数々。オーストラリア産の宿根草や低木と多肉植物を混植し、リーフで楽しむナチュラルなガーデンが実現しました。オーストラリアの植物も多肉植物も乾燥に強く、どちらかというと多湿が苦手。生育環境が似ているので、一緒に育てるのに向いているのです。

敷石と植栽スペースの間の砂利を敷き詰めたわずかなスペースにも、セダムなど丈夫な多肉植物が。日当たりも水はけもいいため、元気にふえています。

Part 2
多肉植物について知っておきたいこと

多肉植物とはどんな植物？

水分を蓄えるために肉厚な姿に

多肉植物というと、ぷっくりとした肉厚な姿を思い浮かべる人が多いと思います。近年、そのユニークな姿から人気が高まり、育てる人が増えています。

植物は水がないと生きてはいけません。そのため雨が少ない乾燥した地域や、雨季と乾季がある地域では、植物は少ない水を効率的に利用できる姿に進化することで生き延びる道を見つけました。多肉植物も、そうした植物のグループです。

多肉植物は葉や茎、根などが分厚くなり、自分の身体の中に水を蓄えることができる植物の総称です。多くの品種は表面が角皮と呼ばれる丈夫な膜で覆われており、水分の蒸発を防いでいます。なかにはワックス状の物質で強い日差しから表面を守ったり、細かい毛をびっしりつけて霧の水分を効率よく集める仕組みを持った品種もあります。

気孔の数が少ないのも特徴で、これも蒸散を防ぐための仕組みです。また葉をつけなかったり、あっても葉が小さいなど、多肉植物は水分をなるべく蒸散させないためのさまざまな工夫をして生きています。

丈夫でかわいらしくふやしていく楽しさも

多肉植物を育てる楽しさのひとつが、どんどんふやせること。もちろん品種によってはなかなかふえないものもありますが、子株がもりもり脇から出てくるものや、ほふくして広がっていくものも少なくありません。また、簡単に挿し木でふやせる品種もかなりあります。

ふやした株は、寄せ植えにしたり、小さな鉢植えにしてプレゼントにするなど、いろいろな楽しみ方ができます。多肉植物が好きな友人と、品種の交換もできるでしょう。そんなふうにして多肉植物の輪が広がっていくのも、楽しいと思います。

ローメンテナンで管理が簡単

多肉植物は自分の身体の中に水をためてくれるので、頻繁に水やりをする必要はありません。また花を楽しむ植物は、小まめに花がら摘みをするなど日常的な管理が必要ですが、

エケベリア「ミニマ」と「女雛」

セダム「春萌」と「ドラゴンズブラッド」

エケベリア「高砂の翁」

葉や茎を楽しむ多肉植物の場合、その必要もありません。ですから忙しい人でも、無理なく育てることができます。

しかも多くの品種は冬も地上部が枯れることがないので、一年中楽しむことができます。なかには気温が下がると紅葉する品種もあり、色の美しさも魅力です。そのあたりも、人気が高まっている理由でしょう。

とはいえ、多肉植物は決してモノではなく、生きている植物です。その点を忘れてしまうと、たとえ丈夫な品種であっても、健康に育ってはくれません。実際、最近はインテリアグッズのような感覚で購入した結果、なかには枯らしてしまう人もいるようです。

多肉植物を健康に育てるためには、やはり生態と特徴を知り、適切な世話をすることが大切です。決して手間がかかる植物ではありませんが、最低限のポイントは抑えて、美しい姿を楽しんでください。

多肉植物のふるさと

多肉植物は世界各地に自生していますが、共通しているのは乾燥している地域であるという点です。ただし一年中わずかしか雨が降らないところもあれば、乾季と雨季がある地域、雨は降らないけれど霧は出るところなど、気象条件はさまざまです。それぞれの環境に適応して進化したため、ひと言で多肉植物といっても、多様性が豊かなのです。

南アフリカでは特有の赤い砂のような土、石英の石畳で石に擬態し、動物からの食害を防いでいるともいわれる玉型メセン類が多く生息。緑色の品種は「金鈴」、赤は「胡桃玉」。

南アフリカの崖でピンクの花を咲かせる大株のクラッスラ「ウルビリスク（玉盃）」（手前）、クラッスラ「アレボレッセンス」（青白い葉）や アロエ「ミクロスティグマ」（奥の青い葉）。

アエオニウム

センペルビブム

エケベリア

アガベ

パキフィツム

ユーラシア大陸

温帯で育つベンケイソウの仲間やセダム類などは、日本で地植えで育てるのに向いています。また日本にもミセバヤなど、昔から知られる多肉植物があります。

アフリカ

ユーフォルビアや花が美しいメセン類、アロエ属、クラッスラ属など、多彩な多肉植物が生きています。とくにナミビアから南アフリカ、マダガスカル島などにはユニークな品種がたくさん見られます。

オロスタキス

サボテン

ユーフォルビア

ハオルシア

アロエ

アメリカ

北米の南部や中南米にはテキーラの原料となるアガベ属、花のような姿のエケベリア属をはじめ、さまざまな多肉植物が自生しています。

こんな姿のものもあります

不思議な形や変わった姿のものがあるのも
多肉植物の魅力のひとつ。
形状の面白さを、楽しんでみては？

葉は細くても多肉植物の仲間

テキーラの原料になることでも知られているアガベの仲間には、こんなに繊細で細い葉のものもあります。写真はアガベ「姫吹上」。

巨木のミニチュア版のような姿

茎をふくらませるタイプの多肉植物。『星の王子さま』に出てくるバオバブも似た生態の植物です。これは小さなアデニウム「砂漠のバラ」。

石をまねている？

生きた宝石と呼ばれるリトープス「ジューリー」。動物からの食害を防ぐために、姿を石に似せているともいわれています。

これは不思議、透明な植物

アフリカ南部に自生する小型の多肉植物ハオルシアには、透明な品種もあります。宝石みたいな美しさが人気です。

なんとも奇怪！

ユーフォルビア「レウコデンドロン・セッカ」、まるで海の中の生き物のよう。生長点があちこちにできることで、奇妙な形になります。

サボテンとはどう違うの？

サボテンも多肉植物で、多肉化した茎に水分を蓄えることができる植物です。自生する環境も、主に乾燥している地域。大きな違いは、一般的にサボテンにはトゲがある点です。とはいえ、サボテンにもトゲがほとんどない品種もあります。また、多肉植物のユーフォルビアやアガベ、アロエの仲間にもトゲがある種類があります。ただしサボテンのトゲには根元に刺座と呼ばれる綿毛状のものがありますが、多肉植物のトゲにはこれがありません。そこが見分けるポイントのひとつです。

多肉植物には3つのタイプがあります

生長する時期によって3つのタイプに

多肉植物は大きく分けて、「夏型種」「冬型種」「春秋型種」の3つのタイプがあります。夏型種は気温の高い春から夏にかけて生長し、冬は休眠するグループ。冬型種は冬期によく生育し、夏に休眠するグループ。春秋型種は春と秋の穏やかな気候の時期に生長し、低温期と高温期には少し休むグループです。

それぞれのタイプの特徴

夏型種はパキフィツム、グラプトペタルムやクラッスラの一部など育てやすいものが多く、初めての人にもおすすめです。基本的に気温が高い状態を好みますが、なかには日本の高温多湿が苦手な品種や、逆にアガベやセダムなど寒さに強く、地植えのままで冬越しするものもあります。

冬型種は冬に雨の多い地中海沿岸や、ヨーロッパの山地、南アフリカからナミビアにかけての高原など比較的冷涼な地域に自生するものが多く、日本の高温多湿な夏が苦手です。透明なハオルシアや、石のように見えるコノフィツム、枯れたように見える植物体から新しい葉が出てくるものなどユニークなものも多くあります。

春秋型種は夏型種に近い育ち方をします。ただし夏の暑さで傷むこともあるので、夏は遮光し、水を控えて休眠させたほうが安心です。どのグループも休眠中は根から水分を吸い上げませんので、水やりは控えるようにします。

なお例外で、中間のタイプや休眠しない通年の品種もあります。

夏型種

春から夏の暖かい季節に生長するタイプ。
冬に休眠する

●栽培のポイント

春 徐々に生長を始める季節。できれば日当たりのいい場所で育てたいものです。鉢植えの場合は、鉢底から流れるまで水やりをし、完全に乾いてから次の水やりをします。植え替えや挿し木、葉挿しなどにも向く季節です。水やりは5月頃からが安全です。

夏 梅雨の間、過湿が苦手な品種は軒下などに入れたほうが無難です。また梅雨から夏にかけて蒸れないよう、通風に心がけましょう。地植えの場合は夏前に他の植物の切り戻しをし、ガーデン全体の通風を確保するといいでしょう。鉢植えの場合は、水をしっかり与えます。

秋 秋に紅葉する品種は、この季節によく日に当てると美しく色づきます。夏の間に大きく育った株は、この時期に株分けや植え替えをするといいでしょう。鉢植えの場合は徐々に水やりの間隔をあけるようにし、11月には2週間に1度程度にします。12月に入ったら断水しましょう。

冬 生育が止まるので、鉢植えはほとんど水やりをしなくてもかまいません。1ヵ月に1回程度で十分です。鉢植えを室内の暖房がきいたところに置くと、生育を始めることがあるので注意します。地植えの場合は品種によっては霜除けをするなどして、傷むのを防ぎます。

●代表的な品種

カランコエ

パキフィツム

アデニウム

サンセベリア

ユーフォルビア

パキポディウム

春秋型種

春と秋の温暖な季節に生長するタイプ。
冬と真夏に休眠する

栽培のポイント

春　多くの種類が生長を始めるので、日当たりを確保しましょう。鉢植えの場合、水やりは鉢底から流れ出るまでしっかりと与え、完全に土が乾いてから次の水やりをします。植え替えや挿し木、株分けなどにもいい季節です。

夏　暑さが苦手なものが多いので、なるべく直接日が当たらない明るい日陰（50%遮光する）などで、風通しよく育てます。水やりは控えめに。雨が当たらない場所で育てるのがコツです。

秋　気温が下がると再び生長を始めるので、日に当てましょう。とくに秋に紅葉する品種は、10～11月にしっかりと日に当てることが大切です。植え替えや挿し木、株分けにもいい季節です。鉢植えの場合は寒くなるにしたがって水やりの間隔をあけるようにします。

冬　徐々に生長が止まり、春まで休眠します。寒さに強い品種は屋外で大丈夫ですが、心配なものは屋内に取り込みます。ただし暖かい場所で水やりをすると間延びしてしまいます。地植えの場合は北風や霜を除ける工夫をするといいでしょう。

代表的な品種

グラプトペタルム

エケベリア

アドロミスク

クラッスラ

ハオルシア

パキフィツム

冬型種

秋から冬そして春まで生長するタイプ。
夏に休眠する

栽培のポイント

春　多くの品種は春が生育の最盛期。鉢植えの場合、水やりは鉢底から流れるまでしっかりやり、完全に土が乾いてから次の水やりをします。室内で育てていたものも屋外に出しましょう。ただし急に直射日光に当てず、くもりの日に外に出し徐々に外の光に慣らすようにします。

夏　高温多湿になると腐ることもあるので、なるべく風通しがよく、日陰で雨が当たらないところで育てましょう。鉢植えの場合、水を完全に切ったほうが無難です。ただしアエオニウムやセンペルビブムは極度の乾燥は苦手なので、夏も時々水やりをします。

秋　太陽が恋しくなる季節。十分に日に当てるようにしましょう。鉢植えは水やりを再開させます。植え替えや株分け、挿し木などをするにも適した季節です。また、この時期に液肥などを与えておくと、冬に元気に生長してくれます。

冬　耐寒性がある冬型品種は、ほとんど庭で冬越しさせます。室内で育てる場合は、ときどき窓を開けて新鮮な空気に当てるといいでしょう。水やりはやや控えめに。ただし、水切れには注意します。

代表的な品種

センペルビブム

アエオニウム

リトープス

オトンナ

ダドレア

ブラウンシア

買ってきたらどうすればいいの？

購入する際は品種名がわかるものを

専門店であれば、店の人がいろいろ相談に乗ってくれるはずです。どこでどんなふうに育てたいのか、イメージをはっきり持っていると、相談しやすいと思います。その際、育てやすさや育てるうえでの注意点なども確認しておくといいでしょう。

購入するときは、自分がよく知っている品種以外は、品種名のラベルがついているものを選ぶようにします。品種名がわからないと、性質や育て方を調べようにも、手がかりがありません。また買ってきたらラベルは捨てないようにし、植木鉢の場合は鉢に挿しておくか、苗と一緒に写真に撮るなどして記録しておくといいでしょう。

季節がよければすぐに好きな鉢や庭に植える

植え替えに向いている季節なら、買ってきた苗を好きな鉢や庭に植えつけます。ビニールポットの場合は、好みの鉢などに植え替えるといいでしょう。鉢植えの場合、底に穴があいていない容器でも珪酸塩白土（ミリオンAなど）を入れることで育てられるので、植物栽培用の鉢以外にも植えてみてはいかがでしょう。

寄せ植えにする場合は、できるだけ冬型種なら冬型種、夏型種なら夏型種で揃えることがコツです。休眠期がずれてしまうと、うまく育たないものが出てくる可能性があります。ただし真夏や真冬は、植え替えや植えつけを避けたほうが無難です。

徐々に日光に慣らし最終的によく日に当てる

売っている苗は温室で育てられているものが多く、急に日に当てると日焼けして表面が枯れたような色になってしまうことがあります。数日は日除けをしてようすを見て、まずくもりの日に外に出し、徐々に日光に慣らすことが大切です。慣れたら、よく日に当てるようにしましょう。

地植えにする

丈夫な品種、寒さに比較的強い品種は、
庭や屋外の「植えます」などに直接植えつけて
楽しむこともできます。

好きな鉢に植える

好みの鉢に植え替えて、個性的に楽しみましょう。
わずかな土でも育つので、さまざまな容器を
鉢代わりにすることができます。

多肉植物が好む環境

室内ではなく屋外で育てるのが基本

多肉植物は一般に日光と風通しを好むので、屋外で育てるにこしたことはありません。ただし、真夏の直射日光に当たると日焼けしてしまうものもあります。また、梅雨の長雨や日本の高温多湿な夏が苦手な品種も少なくありません。ですから、梅雨から夏をいかに心地よく過ごさせるかがポイント。風通しがいい半日陰の、蒸れにくい環境で育てることが大切です。

また、日本列島は南北に長いため、冬の気温が低かったり、積雪が多い地域もあります。その場合は冬は室内に取り込むなど、防寒対策が必要になります。

室内で育てる場合は明るい窓辺で

室内で育てる場合は、明るい窓辺など、日照と風通しが確保できる場所で管理しましょう。ただし夏はガラス越しの光で、温度が上がりすぎることもあります。また閉めきったまま外出すると蒸れてしまい、弱る原因になりかねません。外気に当てることも大切なので、時々窓を開けて新鮮な空気に当てましょう。

鉢植えの場合

健康に育てるためには、風通しと日照が必要です。
厳冬期以外は、できれば屋外に置いたほうが
元気に育ちます。室内で育てる場合は、
ときどき外気に当てましょう。

軒下など 日本の梅雨が苦手な品種もあるので、ベランダや軒下など雨がかかりにくい場所に置くと管理が楽です。

明るい窓辺
室内で育てる場合は、日照と風通しを確保できる明るい窓辺が向いています。

地植えの場合

多肉植物は一般的に、土に水分が
たまった状態を嫌います。水はけが悪い場合は、
植えつけのために掘った穴に砂利や軽石などを入れ、
水はけをよくする工夫をしましょう。

水はけのいいところ 雨が降った後、水がたまる場所は避けましょう。「植えます」は水はけのいい用土を使うと安心です。

日が当たるところ
品種にもよりますが、少なくとも半日は日が当たるところが向いています。

鉢植えの植え方

用土

多肉植物は基本的に乾燥した地域を故郷としているので、栽培する用土は水はけのいい土を好みます。草花用培養土やプランター用の土に赤玉土（小粒）か鹿沼土を3割ほど加えると、適度に保水力があり、しかも水はけと通気性のいい用土になります。サボテンや多肉植物専用土も売っていますが、メーカーによって配合がまちまちなので、一概におすすめできません。専用土を使う場合は、信用できるメーカーのものを使うといいでしょう。

自分で用土を配合する場合は、赤玉土（小粒）：腐葉土：バーミキュライトを1：1：1が基本の配合ですが、川砂や燻炭などなるべく多くの材料を混ぜます。腐葉土のかわりに堆肥を使ってもかまいません。材料が補い合い、より通気性のいい、多肉植物に向いた用土となります。

植える際は鉢の底に軽石などを入れると、水はけがよくなります。ただし小さな鉢の場合は必要ありません。また土の表面を色石やガラス玉などで飾ることもできるので、いろいろ工夫してみてはいかがでしょう。

鉢

多肉植物は生育の速度がゆっくりでそれほど多くの養分を消費しないため、一般の植物に比べて土の量が少なくても元気に育ってくれます。そのため極論すればどんなものでも鉢として使うことができ、そこが多肉植物の楽しさでもあります。

鉢として利用するものは底に穴があいているほうが理想的なので、穴がないものはできるだけ穴をあけるようにします。ただし穴があいていないものでも、水やりに気をつければ十分育てることができます。その場合は、底に根腐れ防止の働きがある珪酸塩白土（ミリオンAなど）を入れるようにします。

植え方は、アガベやアロエなど根が太いタイプと、エケベリアやセダムなど根が細いタイプでは若干違いがあります。太根タイプは根をなるべく切らず、枯れている根だけを取り除いて植えつけます。一方、細根タイプは、十分育っている苗の場合は先端から根の半分くらいまで切って発根を促します。ただし小さい苗の場合はそのまま植えるようにします。いずれにせよ、真夏と冬は植え替えや植えつけを避けましょう。

基本の用土

自分でブレンドする場合に使う用土。
基本の割合は赤玉土1：腐葉土1：バーミキュライト1。
そこに場合によっては燻炭や川砂を少々混ぜて使います。

赤玉土

鉢植えのベースになる土。通気性にすぐれています。小粒、中粒、大粒とありますが、小粒をベースにするといいでしょう。

腐葉土
（堆肥でも可）

落ち葉を発酵させた有機質の土。保水性や保肥性を上げる働きがあります。

バーミキュライト

鉱物を高熱加工した用土で、とても軽く、保水性、通気性に富んでいます。単独で挿し木にも使います。

燻炭（くんたん）

もみ殻をいぶし焼きにしたもの。用土の通気性や保水性を増し、根腐れの防止にも。また酸性土壌を中和させる働きもあります。

川砂

通気性を高める働きのある改良用土。サボテンの用土にも使います。

基本の植え方

太根タイプと細根タイプでは植えつけや植え替えの方法に若干の違いがあります。

細根タイプ

エケベリアやセダム、センペルビブムなど根が細いタイプ

ここがポイント 根が伸びすぎたり渦を巻いているときには適度に切る

植えつけの手順

1 根が張っている場合はポットをトントンと叩いて土をゆるめて、ポットから取り出します。

2 古い土をほぐして、半分くらい取ります。とくに中央部の土は取り除くようにしましょう。この時期、根ジラミなどがいないか、根の際をよくチェックします。根がポットにまわりすぎている場合は、下半分～1/3をカットすると、発根が促されます。

太根タイプ

アロエやハオルシア、アガベなど、根が太いタイプ

ここがポイント 枯れた葉はむりやりむしり取らず、ハサミを使ってまず縦に切る

植えつけの手順

1 アガベをビニールポットから抜いたところ。太い根がポットの底までまわっている状態。

2 枯れた葉が残っていると新しい根が出にくいので、取るようにします。枯れた葉に縦にハサミで切れ目を入れ、横に裂くようにすると、ツルンと剥けて簡単に取れます。

3 土をおおよそ落とすと、真ん中がこのように空洞になります。

4 古い根や枯れている根は、根元から切り取ります。白くて元気な根を傷つけたり折ったりしないよう、慎重に作業しましょう。その後、適切な用土で植えつけます。

植えつけ完了

アガベ「吉祥冠」

こんなものにも植えられます

工夫次第で、どんな容器でも鉢として使えます。
いろいろ試して、個性的な楽しみ方をしてみては?

[食器]

ティーカップやそば猪口、
コップ、エッグカップなど、
どんな食器でも利用できます。

エケベリア「ルンヨニー・トプシーツルビー」

グラプトペタルム
「パラグアイエンセ」

アナカンプセロス
「吹雪の松」

グラプトペタルム「パラグアイエンセ」

[穴あきレンガ]

穴があいたレンガを鉢代わりに。
左の写真の真ん中は、表面に
サンドペーパーを裏返したものを
貼ってアクセントにしています。

サンセベリア「ラブラノス」

[貝殻]

大きな貝殻なら寄せ植えにも。小さな貝殻は、
小さな苗を植えてもキュートです。

センペルビブム「ミセスジョセフィー」と
「アトロービエラ・セウムハイリッチ」

[布の袋]

布の袋をぶら下げて
使ってみては。
（写真の袋はTRANSHIPの
オリジナル）

セダム「虹の玉」

[ホウロウの洗面器]

ジャンクテイストがあることから
人気のホウロウの洗面器。
缶と組み合わせて。

セダムとオロスタキス「子持ちレンゲ」

[缶]

そのままで使ったり、外国の雑誌の誌面を貼ったり、
さまざまな使い方ができます。缶は錆びても趣があります。

[流木]

浜辺で拾ったものは、
水につけて塩を
抜いてから使うように。

[鍋]

錆びた鍋が、また魅力的。

クラッスラ「青鎖竜」
アガベ「笹の雪」
セネシオ「グリーンネックレス」

セダム「春萌」

育て方のコツ

水やり

「休眠期は水を切る」が原則

水やりの基本は、「欲しがっているときに与える」「欲しがらないときには与えない」。言葉にすると簡単ですが、慣れるまではこの見分けはけっこう難しいかもしれません。

助けになるのが、生育タイプが何型なのかを知ることです。たとえば夏型種なら冬は休眠するし、冬型種は夏に休眠します。休眠中は根が水分を吸い上げないので、その間に水を与えると根が傷んで弱ってしまう原因になります。最悪の場合は根腐れを起こして、枯れてしまいます。

実際、多肉植物を枯らしてしまう一番の原因が、水のやりすぎによる根腐れのようです。とはいえ植物ですから、生育期間はしっかり水を欲しがります。そのあたりのメリハリが大事なのです。

とくに鉢植えの場合は、鉢の大きさや鉢底穴の大きさ、土によって乾燥する時間もかわるので、1鉢1鉢、条件が違います。ですからよく観察して、水やりのタイミングをはかるしかありません。水をやるときは鉢底から流れるまでたっぷりと与え、鉢内の土が湿っている間は次の水やりはしないのが原則です。

地植えの場合は、基本的に天候まかせになります。梅雨時や台風などで、一時期に大量の雨が降ると、弱るものもあるかもしれません。過湿が苦手なものは、軒下など雨がかかりにくい場所に植えるほうが無難です。

3つのタイプ別　水やりの目安

夏型種	春から夏にかけては、たっぷりと水を与えます。秋、気温が下がってきたら水やりの間隔をあけていき、冬は月に1度程度で十分です。
冬型種	梅雨頃から水やりを控え、風通しのいい場所で管理します。夏は月に1回程度、夕方か夜に水やりをし、秋になったら水やりの回数を増やしていきます。
春秋型種	冬期と盛夏の間は活動を休むので、冬と夏は水やりを控えます。品種にもよりますが、7～8月は水を1回も与えないか、せいぜい月に1回くらいにします。

病害虫

葉だけではなく根もチェック

多肉植物は比較的病害虫が少ないですが、まったくないわけではありません。なかでも気をつけたい害虫が、根ジラミです。苗を購入するときはなるべく葉が健康的なものを選び、植えつけの際に必ず根のようすを確かめる習慣をつけましょう。

病気で気をつけたいのが、枯れ葉につくボトリチス菌。晩秋と春先に発生しやすいので、この時期枯れ葉をまめに取り除いておくことが大切です。また何年もたっている株には、ウィルスによって起こるバイラス病が出ることがあります。枯れることはありませんが、葉に斑点が出るので美観を損ねます。ウィルスのついたハサミで伝染するので、ハサミは清潔にしておきましょう。

バイラス病　ウィルスにおかされると、とくに休眠期に汚い斑点が出る。

ダニ　葉のやわらかい部分につくと、灰色に変色。殺ダニ剤で駆除する。

根ジラミ　白い粉は根ジラミの糞。見つけたら土をよく落として根を洗い、殺虫剤をかけておく。

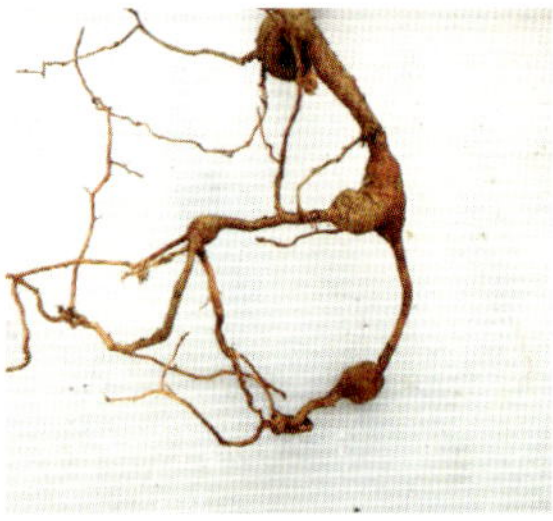

根コブ線虫　根に線虫が寄生し、養分をとってしまう。発見したらコブを切り離して捨てる。

ワタムシ　1～1.5ミリの楕円形の虫で、白い綿状物質を出して卵を産む。殺虫剤で退治するかアルコールでふき取る。

日焼け　葉が日焼けして茶色になった状態。いったんこうなった葉は回復しない。

地植えの注意点

枯れるのを恐れず試行錯誤を

何度か繰り返していることですが、日本列島は南北に細長いため、地域によってかなり気象条件が違います。ですから多肉植物を地植えで育てる場合は、品種の特性を調べたうえで、「もし枯れてしまってもしょうがない」くらいの気持ちでいろいろ試してみてください。

植えたものが環境に合えば元気に育ち、どんどんふえていくでしょう。残念ながら枯れてしまった場合は、環境に合わなかったと思って諦めてください。また淘汰されていくことを見越して、多めの品種を植えてみるのも手です。

水はけと風通しをよく

多肉植物は蒸れを嫌うので、なるべく風通しのいい場所に植えましょう。また日照が大事なので、せめて半日は日が当たる場所が理想的です。水はけがいい場所を好むので、土の条件が悪い場合は土を入れ替えるか、土壌を改良します。「植えます」など一段高い場所に植えると、水はけの問題が改善されることがあります。

梅雨から夏にかけては高温多湿になるので、蒸れないよう、まわりの宿根草や低木の切り戻しをするといいでしょう。またセダム類などは伸びすぎると蒸れて下葉が枯れてくるので、切り戻すようにします。

玄関アプローチの敷石の縁に植えられたセダム「スプリューム・トリカラー」と「姫笹」。日当たりも水はけもよいので、どんどんふえている。

植え替え

植え替えは数年に一度

鉢植えの場合、何年もそのままにしておくと根詰まりを起こして生育が悪くなるので、植え替えが必要です。植物の育つスピードによっても違うので一概にはいえませんが、小さな品種は1〜2年、大きな品種は3年くらいが目安です。子吹きしてふえた場合は、植え替えと同時に株分けを行います。品種によっては4〜5年植えっぱなしにし、どんどん伸びて不思議な形になるのも魅力です。

地植えの場合は、ふえすぎてギュウギュウになっているようでしたら、掘り起こして株分けをかねて植え替えをするといいでしょう。

生育期前に植え替えを

植え替え時期は生育期に入る前が適期で、夏型種は春、冬型種は初秋、春秋型種は早春か初秋がもっとも適しています。植え替える際は、太根タイプ、細根タイプでは若干違いがあります。

太根タイプは根を傷めないように気をつけて丁寧に古土を落とし、すぐに植えつけるようにします。

細根タイプは植え替えの1週間以上前から水やりを止め、土を乾かしておきます。根が伸びすぎている場合は先から半分〜1/3ほど切り、半日陰で3〜4日程度根を乾かしてから新しい用土で植えつけます。

● 根腐れした場合の仕立て直し

根腐れした場合は、抜いて枯れた根をハサミで切り取ります。

2〜3日よく乾かしてから、からの容器などに挿してしばらく乾かし、発根したたら植え直します。

ふやして楽しむ

簡単にふやせるのが魅力

多肉植物の魅力のひとつが、簡単にふやせることです。1枚の葉から新しい株が生まれ、なかにはちぎったものを土の上に置いておくだけでふえるものもあります。

代表的なふやし方は、親株から挿し穂を切り取ってふやす挿し木と、1枚の葉から株を育成する葉挿し。また子株ができてふえていくものは、適宜株分けをしてふやします。

挿し木や葉挿しをする場合は、なるべく元気な親株から葉や挿し穂を取るようにしましょう。親が健康だと、子も健康に育ちます。

ふえて石の鉢内におさまりきらなくなったセンペルビブム。ランナーを鉢の外にまで伸ばし、その先にも子株がついている。

［挿し木でふやす］

親株から挿し穂を切り取ってふやす方法です。元気のいい穂をカットしたらすぐには挿し木をせずに、日陰で2～3週間乾かすのがコツ。こうすることで根が発生し、育てやすくなります。新しい根が出たら、植えつけをします。徒長した多肉植物は、挿し穂を切り取ることで、仕立て直すこともできます。

ここがポイント 切った挿し穂はすぐには植えず、2～3週間乾かして発根を待つ

植えつけの手順

1 枝が伸びて徒長してしまったグラプトベリア「初恋」。

2 勢いのいい枝を、清潔なハサミで切り取る。

3 根が出るまで、空のビンなどに入れておき、半日陰で管理する。

4 2～3週間で、このように根が出る。

5 鉢などに植えつける。

植えつけ完了

「初恋」

［葉挿しでふやす］

葉挿しは、葉の1枚1枚から株を育成する方法です。方法は親株の葉をつけ根からていねいにもぎ取り、平たい器に土を入れたものに並べておくだけ。たまたまポロッと落ちてしまった葉も利用できます。そのまま水やりをせずに半日陰で管理し、小さな芽が出てきたら霧吹きなどで水を与えます。元の葉がしおれてきて、芽が2㎝くらいに育ったら、ピンセットなどでつかみ鉢に植えつけます。

エケベリア「渚の夢」を葉挿ししているところ。根元の部分にかわいらしい小さな芽が出てきている。

一度にたくさんの芽を得ることができるのも葉挿しのメリット。数種類の品種をいっぺんに葉挿しする場合は、名前がわからなくならないよう、ラベルを立てておく。

［株分けでふやす］

株が横に広がってふえていくものは、株分けをしてふやしていきます。とくに鉢植えの場合は、鉢内でどんどんふえることで根詰まりを起こしがちです。数年に一度は植え替えをかねて、株分けをするといいでしょう。

株分けをする際は、あまりにも小さな株は一つひとつバラバラにせず、数株ずつまとめて分けるようにします。

植えつけの手順

1 鉢いっぱいにふえたセダム「ヒントニー」を株分け。

2 鉢から抜いたところ。根がだいぶ鉢にまわっている。

3 根を切らないように注意しながら、手で株をもぎ取っていく。

4 もぎ取れないものは、茎をハサミで切り取る。

5 手でもぎ取った苗は切り口が小さいので、乾かさずにそのまま植えてもいい。植えつけたら、必ず名前のラベルを立てておく。

6 ハサミでカットした苗はガラスびんなどに入れて、根が出たのを確認してから植えつけるようにする。

ここがポイント 根がついている苗は、すぐに植えても大丈夫

植えつけ完了

「ヒントニー」

ふやした小さな苗で個性的に楽しむ

挿し木を卵の殻に

挿し木をして根が出た小さな苗を、
卵の殻に植えてみました。
たくさん並べても、面白いかも。

左：エケベリア「アフィニス」
右：クラッスラ「赤鬼城」

製氷皿でキュートに

ちぎれたセダムや
挿し木でふやした小さな苗を
製氷皿で育成中。
大きくなったら、
寄せ植えなどに利用。
育てる過程も楽しめます。

セダム「姫星美人」
グラプトセダム「秋麗」

小さな寄せ植えに

小さな苗でつくる寄せ植えは愛らしさ満点。
どんな器を鉢にするかで、雰囲気も変わります。
左はサボテン相談室のオリジナル素焼き鉢。
下は空き缶をリメイクして鉢代わりに。

グラプトペタルム「ブロンズ姫」
「緋牡丹錦」〈サボテン〉
グラプトセダム「秋麗」
エケベリア「アフィニス」
セダム「ファンファーレ」
グラプトペタルム「パラグアイエンセ」

中央奥：アエオニウム「黒法師」
右：セダム「黄麗」
中央手前：セダム「虹の玉」
左：アエオニウム「ハオルシー」

割れた穴あきレンガで

割れた穴あきレンガに水性ペンキで
色を塗って鉢として再利用。
塗り方はあくまでさりげなく。
素朴でオリジナリティのある鉢に
小さな苗がよく似合います。

奥：セダム「オーストラーレ」、
手前：グラプトセダム「秋麗」、セダム「タイトゴメ」

ミニチュアサイズでかわいらしく

小さな苗のかわいらしさを生かした寄せ植え。手入れの途中などについちぎれてしまった小さな芽なども、捨てずに根を出させると、いろいろな楽しみ方ができます。

ふやした小さな苗で個性的に楽しむ

Part 3

多肉植物ガーデンを
つくってみましょう

多肉植物ガーデンをつくる際 気をつけたいこと

環境に合うかどうか まずは試してみる

この品種を地植えにして大丈夫なのかと、不安に思っている方には、まずは試してみることをおすすめします。なかにはその土地の環境に合わない品種もあるかもしれませんが、合えばどんどんふえていくはず。鉢植えとはまた違った、のびのびとした姿を楽しむことができます。

ガーデンで育てる場合は、他の植物との相性も考えたほうがいいでしょう。たとえばすぐそばにどんどん茂っていく宿根草があると、小さな多肉植物は日陰になって負けてしまうかもしれません。水分をすごく欲する植物とも、好む環境があまり一致しません。

日がよく当たり 風通しのいい場所がベスト

多肉植物が好きなのは、半日以上日が当たって風通しがよく、水はけのいいところ。太陽の軌跡は季節によって変わるので、できれば一年間の日の当たり方を把握したうえで、なるべく午前中に日が当たるところに植えるようにしてください。ただしセダムのマンネンソウの仲間など丈夫な品種なら、半日陰でも大丈夫でしょう。

過湿が苦手な多肉植物にとっては、雨がかかりにくい軒下やベランダなども好む場所です。庭に棚などを設置する際は、わずかでもいいので雨除けになる構造にすると安心です。

水はけが悪い場合は、土を改良するなどして、水はけをよくしてから植えましょう。また土が少なくても育つので、コンクリートやタイルで固めた場所やベランダでも、それほど深くない簡単な「植えます」をＤＩＹでつくるなどしてガーデンスペースをつくってみてはどうでしょうか。

管理にあまり手間がかからないのも、多肉植物の魅力です。気をつけたいのは、過湿と蒸れを防ぐことくらい。あとはほぼ放置しておいても、大丈夫です。

太陽を求めて曲がっていったり、他の植物との闘いの中で思わぬ方向に伸びていく力強い姿も、多肉植物の魅力のひとつ。あまり神経質にならず、思い思いの多肉ガーデンを楽しんでみてください。

生育環境を共有できる植物を植える

多肉植物と宿根草、低木などを一緒に植える際は、生育環境が似ていることが大事。なるべく乾燥に強く、過湿を嫌う植物を選ぶようにします。

グラウンドカバーに活用

ベンケイソウやセダムなど、丈夫な品種を数種類混ぜて。さまざまなカラーリーフとのコントラストが魅力的です。

ふえることや淘汰を見越して植える

多肉植物のみの「植えます」。環境に合わずに枯れるものもあるかもしれないので種類を多めに植えると同時に、ふえたときのことを考えてやや間をあけて植えつけるようにします。

なるべく水はけよく

地面の高さより一段高い「植えます」は、水はけの面でメリットがあります。底のほうは軽石などを入れ、用土もあまり目が細かいものではなく水はけのいいものを使うようにしましょう。

LESSON 1

宿根草と多肉植物のガーデンをつくる

アガベなど存在感のある大型の多肉植物を主役とした
ガーデンは、玄関脇などのちょっとしたスペースにおすすめ。
主役を引き立てるよう、まわりはグラウンドカバーで控えめに。
ほぼ放置しておいても1年中美しく保てます。

植えつけの手順

1 アガベは根をしっかり張るので、深さ30〜40cmの穴を掘る。

2 水はけを改善するため穴の底に砂利を入れる。

3 砂利が隠れるくらい、草花用培養土を入れる。

4 ポットから抜いたアガベ。枯れている根を切り取り、軽く土を落とす。

植える場所

すでにアガベが1株植わっている場所を
あらたに小さなガーデンに

水はけを改善するために、砂利と
草花用培養土を用意

土壌改良の用土

今回、小さな多肉植物ガーデンをつくるのは、今までガランとした空地だった場所。すでに1株アガベ「アルビディオール」とセダム「オーストラーレ」が植わっていますが、そのそばにあらたにアガベ「ハバルディアーナ」を植え、まわりにグラウンドカバーの宿根草を植えることに。

人が通ることもあるスペースだったため、踏み固められて土が硬くなっていたので、アガベを植える場所は土壌を改良する必要があります。グラウンドカバーは根が浅いので、軽く耕して、表面に草花用培養土を足すくらいで大丈夫です。

グラウンドカバーに選んだ宿根草はアジュガ。銅葉、細葉、斑入りの3種類を植えることで平面的になるのを防ぎ、濃い葉色が青白いアガベを引き立てます。また手前には明るい色のセダム「メキシコマンネンソウ」をグラウンドカバーとして植えつけ、アジュガと対比させています。植えつけが終了後、鉢植えもまわりに配し、立体感のあるガーデンとなりました。

5 あまり浅く植えるとグラグラするので、根元がしっかり隠れるように。まわりに培養土を入れて植えていき、株元を軽く押さえる。

6 へこんだ部分にもともとの庭の土を寄せてかぶせ、軽く地面を押して根と土を馴染ませる。

ここがポイント

アガベは植えつけ後、水やりはしないように。
2週間くらいたって根が落ち着いてから、水やりをします

7 アジュガなどをまわりに植えつけ、鉢を飾る。

8 アガベの根元は避け、アジュガのみに水やりをする。

植えつけ完了

図鑑 多肉植物と合わせやすい植物

低木

シルバー・プリペット

半落葉～常緑低木｜モクセイ科｜
樹高50～180㎝

斑入りの小さな葉が、ガーデンを明るくしてくれます。水はけと日当たりのいい場所に植え、枝が暴れないよう適宜刈り込むようにします。

花期
①②③④**⑤**⑥⑦⑧⑨⑩⑪⑫

葉の観賞期
①②③④⑤⑥⑦⑧⑨⑩⑪⑫

ラベンダー

反耐寒性常緑低木｜シソ科｜
樹高30～60㎝

いくつかの系統があり、開花期以外も銀葉のカラーリーフとして楽しめます。高温多湿が苦手なので、風通しと日当たりのいい場所に植えます。

花期
①②③④**⑤⑥⑦**⑧⑨⑩⑪⑫

葉の観賞期
①②③④⑤⑥⑦⑧⑨⑩⑪⑫

カルーナ

常緑低木｜ツツジ科｜
樹高20～80㎝

エリカに近い植物で、株姿がこんもりまとまります。白、ピンク、黄色など花色があり、秋には紅葉する品種も。夏の高温多湿が苦手です。

花期
①②③④⑤**⑥⑦⑧**⑨⑩**⑪⑫**

ローズマリー

常緑低木｜シソ科｜
樹高30～150㎝

肉料理などで活躍するハーブ。日当たりのいい、乾燥気味の環境を好みます。蒸れが苦手なので、梅雨前に切り戻すといいでしょう。

花期
①**②③④⑤⑥⑦⑧⑨⑩**⑪⑫

葉の観賞期
①②③④⑤⑥⑦⑧⑨⑩⑪⑫

グラウンドカバー

アジュガ

耐寒性宿根草｜シソ科｜
草丈10～20㎝

銅葉、細葉、斑入り葉の品種があり、日陰でも元気に育ち、どんどん広がってふえていきます。春に一面に紫色の花を咲かせる姿は見事。

花期
①②③**④⑤**⑥⑦⑧⑨⑩⑪⑫

葉の観賞期
①②③④⑤⑥⑦⑧⑨⑩⑪⑫

タイム

耐寒性常緑低木｜シソ科｜
草丈3～40㎝

すがすがしい香りがあり、ハーブとしても人気。斑入り葉や覆輪など葉色も豊富で、白や淡いピンクの小さな花も可憐です。

花期
①②③④**⑤⑥⑦**⑧⑨⑩⑪⑫

葉の観賞期
①②**③④⑤⑥⑦⑧⑨⑩⑪⑫**

グレコマ

常緑多年草｜シソ科｜
草丈15～30㎝

明るい緑と斑入りの葉をたくさんつけます。丈夫で茎が長く伸び、どんどんふえていきます。繁茂しすぎたら、蒸れないように適宜切ります。

花期
①②③**④⑤**⑥⑦⑧⑨⑩⑪⑫

葉の観賞期
①②③④⑤⑥⑦⑧⑨⑩⑪⑫

ラミウム

半常緑多年草｜シソ科｜
草丈5～20㎝

銀葉、黄金葉、斑入りなどの品種があり、半日陰でも育ちます。春の花も、小さくて可憐です。

花期
①②③④**⑤⑥⑦**⑧⑨⑩⑪⑫

葉の観賞期
①②③④⑤⑥⑦⑧⑨⑩⑪⑫

多肉植物と混植しやすいグラウンドカバー、カラーリーフなどを集めました。
いずれも通年楽しめ、管理の手間がかからない植物です。

カラーリーフ

ユーフォルビア

耐寒性宿根草｜トウダイグサ科｜
草丈30〜100cm

存在感のある株姿が特徴的。銀葉、銅葉などさまざまな種類があります。個性的な苞（ほう）は長期間残ります。高温多湿に弱いので乾燥気味に育てます。

花期
1 2 3 **4 5 6 7** 8 9 10 11 12
葉の観賞期
1 2 3 4 5 6 7 8 9 10 11 12

オオバジャノヒゲ・黒竜

耐寒性宿根草｜キジカクシ科（ユリ科）｜
草丈5〜20cm

細長い線を描く葉形と黒に近い独得の葉色が、風景を引き締めます。半日陰でも育ちます。

葉の観賞期
1 2 3 4 5 6 7 8 9 10 11 12

カレックス

常緑多年草｜カヤツリグサ科｜
草丈15〜60cm

根元からすっと伸びる繊細な葉の形を楽しむ植物。葉色も豊富で、くるっとカールする品種もあります。大きくなったら株分けをしましょう。

葉の観賞期
1 2 **3 4 5 6 7 8 9 10 11 12**

アサギリソウ

常緑多年草｜キク科｜
草丈20〜30cm

ヨモギの仲間で、羽状の繊細な葉が魅力。シルバー系とライム系の品種があります。過湿が苦手なので、適宜刈り込んで通風をよくします。

花期
1 2 3 4 5 6 7 8 **9 10** 11 12
葉の観賞期
1 2 3 **4 5 6 7 8 9 10 11 12**

ヒューケラ

耐寒性宿根草｜ユキノシタ科｜
草丈30〜70cm

ライムグリーン、アンバー、斑入り、銅葉、銀葉など葉色が豊富。半日陰でも育ち、春に咲く花も可憐です。株が古くなり茎が立ち上がったら、挿し芽で更新を。

花期
1 2 3 4 **5 6** 7 8 9 10 11 12
葉の観賞期
1 2 3 4 5 6 7 8 9 10 11 12

ニューサイラン

耐寒性宿根草｜リュウゼツラン科｜草丈40〜100cm

鋭角的は葉形と葉色が魅力的。斑入りのものや銅葉など、品種によって葉色が違います。枯れた葉は根元から切り取ります。

葉の観賞期 **1 2 3 4 5 6 7 8 9 10 11 12**

LESSON 2

サボテンと組み合わせたボーダーガーデン

塀などに面した奥行きの狭い細長いスペースは、
霜の害も受けにくく、多肉植物にうってつけ。
背の高いサボテンでアクセントをつけると、平面的になりません。
手間いらずで、年間を通して楽しむことができます。

隣り合う品種の葉色や葉形、大きさにコントラストを

　今回、多肉植物のボーダーガーデンをつくったのは、駐車場に面した奥行が30㎝ほどしかない細長いスペース。白く塗ったブロック塀を背に、浅い「植えます」状になっています。
　もともと柱サボテンが植えられていた場所なので、それを生かして、足元に多肉植物を配置することに。多肉植物だけだと立体感が出にくいので、このように背が高い植物と組み合わせることでメリハリが生まれます。
　ガーデンがある場所は群馬県で、冬の気温は氷点下になり、霜柱も立ちます。ですから、なかには冬を越せない品種もあるかもしれません。そこで1年目は実験もかねて、さまざまな品種を試してみることに。最初はなるべく多めの品種を植えるのも、多肉植物ガーデンをつくる際のポイントのひとつです。
　植え方のコツは、大型品種と小型品種を組み合わせること。小さな品種ばかりだと平面的になり、メリハリがつきません。ところどころに大型種を入れると、アクセントになります。また、隣同士に植える品種の葉形、葉色のコントラストをつける

使われている主な品種

1 紅フクリン
コチレドン属｜春秋型
大きめの葉に、紅色の覆輪が入ります。かわいい紅色の花が咲きます。

2 カランコエ SP（未称）
カランコエ属｜夏型
屋外の雨ざらしでも生育旺盛。秋には花を咲かせます。

3 連城閣
サボテン科セレウス属｜夏型
いわゆる柱サボテンの仲間で、トゲが少ない品種です。白い大きな花や赤い実も楽しめます。

4 ジュリア
エケベリア属｜春秋型
ゆるやかに波打つ美しい緑葉に紅色の覆輪が入る中型種。オレンジ色の花も可憐です。

5 ノビレ
アエオニウム属｜冬型
無茎のアエオニウムで、大型に育ちます。夏の暑さには少し弱いので注意しましょう。

6 銘月
セダム属｜夏型
比較的寒さに強い品種。秋によく日に当てると赤みを帯びます。

7 パーティードレス
エケベリア属｜春秋型
直径30㎝にもなる大型種で、フリル状になります。秋には赤く染まります。

8 マサイの矢尻
セネシオ（セネキオ）属｜春秋型
南アフリカ原産。独得の形が人気です。できれば真夏の直射日光は避けるように。

9 ギガンティア
エケベリア属｜春秋型
育つと直径30㎝を超える大型種。存在感のあるうちわ状の葉と紅色の覆輪が特徴です。

のも大事なポイントです。
緑の近くにセダム類や下垂性の品種を植えると、緑からこぼれるようにふえていき、エッジがナチュラルになります。
なお植えつけに際しては、ふえて広がることを見越して、ぎっしり詰めすぎずにやや隙間をあけるようにしましょう。

無機的なブロック塀も、サボテンや多肉植物を植えることでセンスある雰囲気に。ところどころに寄せ植えなどの鉢を置けるスペースが設けられている。

19 白牡丹
エケベリア属 | 春秋型

白っぽい葉の先はほんのりピンク色に染まります。黄色い大きな花も魅力です。

20 スプリューム・トリカラー
セダム属 | 夏型

丸みを帯びた緑色の葉に白と銅色の覆輪が入る美しい品種。丈夫です。

21 ベロア
アエオニウム属 | 冬型

まわりが濃い赤紫色、中心が緑色の美しい品種。丈夫で暑さにも強く、よくふえます。

16 春萌
セダム属 | 夏型

ライムグリーンで肉厚なセダム。寒さにも強い品種です。日照不足だと徒長します。

17 ギビフローラ・ハイブリッド
エケベリア属 | 春秋型

うちわ状の平たい葉の品種で、秋は濃いピンク色に色づきます。

18 十二の巻
ハオルシア属 | 春秋型

先のとがった三角形の葉が放射状につき、葉に白い点が入ります。

13 象牙団扇
サボテン科オプンチア属 | 夏型

繁殖力旺盛で育てやすい小型のサボテンです。

14 姫吹上
アガベ属 | 夏型

細い葉が放射状に広がり、小さなハリネズミのようです。

15 ブロンズ姫
グラプトペタルム属 | 夏型

通年、赤みを帯びた色ですが、冬になるとさらにブロンズ色が濃くなります。

10 ペチコート
エケベリア属 | 春秋型

葉の緑の細かいフリルが特徴。緑が赤くなるところも魅力です。

11 パラグアイエンセ
グラプトペタルム属 | 夏型

肉厚な姿が人気で、とても丈夫でよくふえます。

12 高砂の翁
エケベリア属 | 春秋型

優美に波打つ大きな葉が特徴的。秋の紅葉が見事です。

28 ピーチプリデ

エケベリア属 | 春秋型

丸くまとまる姿が桃を思わせることからこの名が。徒長しやすいので、よく日に当てるように。

26 姫笹

セダム属 | 夏型

笹のような葉形で、白覆輪が入ります。秋にはまわりがほんのりピンク色に染まることも。

27 パリダ

エケベリア属 | 春秋型

丈夫で生長が早い品種。大きめの葉の縁に紅色の覆輪が入ります。

24 茜牡丹・ハイブリッド

エケベリア属 | 春秋型

年間を通して茜色〜濃い銅色の品種。すっと伸びた花茎にオレンジ色の花をつけます。

25 秋麗

グラプトセダム属 | 夏型

ぷっくりしたピンク色の葉が特徴。葉挿しでも簡単にふやせます。

22 五色万代

アガベ属 | 夏型

白や黄色の美しい縞が入る中型種。冬は霜に当てないようにします。

23 乙女心

セダム属 | 夏型

肥料を控え、十分日に当てると、先のほうから赤く染まっていきます。

4カ月後

「ギビフローラ・ハイブリッド」はすっかり紅葉し、花茎を伸ばして花を咲かせています。

「秋麗」やセダム類は、すでにかなりふえています。右のカランコエも開花。

梅

雨前に植えつけをし、4カ月目のようす。だいぶ大きく育っている品種もあり、次々と花も咲き始めました。グラウンドカバーとして植えたセダム類も、ふえて広がっています。

LESSON 3

ベランダの「植えます」を利用

日当たりのいいベランダは、
多肉植物を育てるのに最適な場所。
他の植物を混ぜずに多肉植物だけを植えると
ほぼ放置しておいても大丈夫なので、
管理の手間もかかりません。

ベランダがあるのは銀座のビルの2階。屋根がない構造なので雨も当たり、普段は手入れをする人がおらず夏の水やりも期待できないため、他の植物は混ぜずにとくに丈夫な多肉植物だけを植えることにしました。

マンションのベランダで応用する場合は、重量制限がある場合もあるので、「植えます」（高さのある植栽スペース）を軽くするのがポイント。レンガなどを積んで「植えます」をつくり、透水シートを敷き、底のほうは軽石やくだいた発泡スチロール、空のプラ鉢を逆さにするなどして底上げするといいでしょう。多肉植物は土が少なくても育つので、十分元気に育ちます。

10 パリダ
エケベリア属 | 春秋型
直径約20㎝の中型種ですが、葉が開くのでボリューム感がある品種。明るい緑色の葉は、低温期になるとうっすらピンクを帯びます。

11 銀武源（ギンブゲン）
エケベリア属 | 春秋型
普段は明るい青緑色ですが、秋は黄色になります。丈夫でよくふえます。

12 見返り美人
パキベリア属 | 春秋型
ややピンクがかった、ふっくらした葉が魅力。

13 初恋
グラプトベリア属 | 春秋型
肉厚で、やや葉がピンクがかる中型種。丈夫でよくふえます。

14 岩レンゲ
オロスタキス属 | 夏型
日本に自生するかわいいロゼット状の品種で、子株がよくふえます。

15 ツメレンゲ
オロスタキス属 | 夏型
日本や東アジアに自生する細長い葉の品種。とても丈夫でよくふえます。

16 紅フクリン
コチレドン属 | 春秋型
株が充実すると木立ちし、伸びた茎の先に大きな葉が開きます。花は大き目の釣鐘状で、濃いサーモンピンクです。

7 パラグアイエンセ
グラプトペタルム属 | 夏型
美しさと育てやすさから人気の品種。葉色は白青緑色で、寒くなるとピンクを帯びます。

植えつける品種

8 ギビフローラ・ハイブリッド
エケベリア属 | 春秋型
青緑色でマットな質感が美しく、比較的大きくなる品種で、秋は濃いピンク色になります。

5 パーティードレス
エケベリア属 | 春秋型
ゴージャスなフリルが入る大型種。秋になると葉先が赤く色づき、グラデーションが見事。

3 スプリューム・トリカラー
セダム属 | 夏型
緑色の丸葉に白覆輪が入り、まわりが紅色になります。丈夫でグラウンドカバー向き。

1 ドラゴンズブラッド
セダム属 | 夏型
濃い銅色の葉が美しく、鮮やかなピンク色の花をつけます。グラウンドカバー向き。

9 フレッドアイブス
パキベリア属 | 春秋型
尖った葉先と、緑から紫へのグラデーションが特徴。比較的大きくなります。

6 パープルソルム
エケベリア属 | 春秋型
濃い赤紫色の葉が特徴。ガーデンのアクセントに。

4 メキシコマンネンソウ
セダム属 | 夏型
葉が細長いタイプのマンネンソウ。とても丈夫で、よくふえます。

2 ジプシー
エケベリア属 | 春秋型
ゆるやかなフリルが入り、紅葉時にはピンクに染まります。

植える場所

都心のビルのベランダに設けた「植えます」。
草花用培養土に1/3ほど赤玉土を
加えたものを入れてある。

植えつけの手順

1 ポットのまま苗を置き、配置を考える。手前や脇の部分にはセダム類など、ほふくしてふえる品種を植えるようにするといい。

2 苗を並べてみたところ。ビルの合間の小さなオアシスのよう。世話をする人がいないので、メンテナンスフリーが条件で水やりはお天気まかせ。

3 苗をポットから抜き、根がまわっている場合は底のほうを少しほぐして土を落とす。この状態で、位置を微調整しながら土の上に置いていく。

4 ポットから抜いた苗を、土の上に置いていき、間に用土を入れる。筒形土入れを使うと作業がしやすい。

5 表面に2cmくらい赤玉土（小玉）を入れると、雨のときに泥ハネを防ぐことができる。また、表面に水がたまりにくくなるので、セダムなど背の低い品種の蒸れを防ぐ。

ここがポイント

淘汰されることも
見越して多めの
品種を植える

植えつけ完了

雨の中、植えつけ完了。隣り合う品種の葉色と葉形のコントラストに留意しつつ、道路沿いと真ん中は大き目の品種を、手前と脇にはグラウンドカバーを配置しています。

3ヵ月後

植えつけてから3ヵ月間、梅雨の間は雨に濡れっぱなしで、真夏も水やりする人はおらず、完全に放置状態でした。それでも秋にはこんなに、モリモリと元気に。「初恋」が育ちすぎたため、「ツメレンゲ」や「岩レンゲ」が陰になってしまい、少々負けぎみ。「メキシコマンネンソウ」も、どんどんふえています。ちょっとワイルドな、いきいきとした姿を見せてくれています。

LESSON 4

ガーデン用の小屋をセダムでデコレート

ちょっとした工夫と遊び心で、ガーデン用の小屋が
楽しいスペースに。ポットの入れ方で、
さまざまな模様をつくることができます。

ガーデン用の小屋には均等の間隔に金具がつけられ、ワイヤーが張られています。そこにセダムを植えた直径約9cm（3号）のプラポットを並べて、壁面装飾に。セダムは丈夫なので、プラポットのままこんなふうに挿しておいても、十分元気に育ってくれます。

葉色や葉形の違いでさまざまなニュアンスを出すことができるので、絵を描くような気持ちで自由に楽しく。時々ポットの配置を変えて模様替えをすると、気分も変わります。こんなことができそうな壁面などのスペースを探してみてください。

ラック状になっているので、このように簡単にプラポットを挿し込むことができます。

ポットを挿していない状態。均等にワイヤーが張られています。

ポットの挿し込み方次第で、さまざまな模様を描くことができます。
セダムは同系色でまとめてもいいし、濃淡の色を混ぜてもかまいません。
いずれにせよ隣り合うセダムの色と葉形に差をつけると、平坦な印象になりません。

時々、離れた位置から眺めてみて、
形を確認するように。

できあがりをイメージし、どこに挿し込むか考えておきます。
図面を書いておいてもいいかもしれません。

ハート形の装飾の完成

多肉植物写真館

もっと近づいて、見てみよう！

多肉植物の魅力のひとつが、形や質感の面白さ。
ぐっと近寄って眺めてみると、新たな発見があるかもしれません。

多肉植物は**真上から**見ても面白い！
上：アエオニウム「黒法師」、
下：グラプトペタルム「パラグアイエンセ」

「マサイの矢尻」とは、不思議な名前。
アフリカ生まれの多肉植物

この**ひらひらフリル**はなんのため？
ちょっと海の生物のような、不思議な姿の
エケベリア「パーティードレス」と
「高砂の翁」

魚の卵のような形のものもあれば、
ミニチュアのバラの花のようなものも。
ひとくちに多肉植物といっても、実に多彩
セダム「春萌」と「ドラゴンズブラッド」

不思議さという点では、
サボテンだって負けてはいない。
こんな植物が自然界に生えているところを
見てみたくなる

クラッスラ
「ブッダテンプル（仏塔）」とは、
まさに言い得て妙。
それにしても、どんなふうに
葉が重なっているのか……
つい、まじまじと見入ってしまう

寒冷地での冬越しの工夫

寒冷地でも工夫次第で、多肉植物を屋外で育てることは可能です。山形県酒田市で実際に冬越しを実践している畠山秀樹（ロータスガーデン）さんに、その方法を伺いました。

雪囲いでアガベを冬越し

多肉植物は一般的に寒さに弱く、関東以西でも冬越しが厳しい品種が多いなか、山形県酒田市で多肉植物を屋外で育てている畠山さん。日本海に面している酒田市は冬の季節風が非常に強く、厳冬期はマイナス4℃になることもあり、雪も30㎝ほど積もります。そのような環境でも品種を選び、冬を越す工夫をすることで、屋外で多肉植物を元気に育てることに成功しています。

大鉢に植えたアガベ「アメリカーナ」は11~2月の間、ビニールハウス用のビニールシートで巻いて冬越しさせます。アガベの栽培はテラコッタや陶器の鉢で何度か失敗した後、イタリア製のプラスチックの器に穴をあけて育てることで冬越しに成功。すでに12年生き続けています。

根が張れないので生育は地植えに比べると悪いですが、プラスチックの利点は凍結しても膨張しないので割れないこと。また根が地面から離れているため、土の凍結や雪による根腐れの心配がありません。ビニールシートで巻くことで雪に濡れることもなく、しっかりと断水して休眠させられます。

軒下で風雪から守る

センペルビブムは軒下に枕木と大きめの石を置き、その間に植えてあります。こうすることで風景として魅力的になるだけではなく、枕木と石が冬の強風から植物を守ってくれるのです。この方法で雪が30㎝以上積もっても、次の春に元気な姿を見せてくれます。

ガーデンのフォーカルポイントに置いたアガベ「アメリカーナ」ブルータイプの大鉢。大鉢の下には、岩と川砂とイタリアの球体テラコッタでベースをつくりセンペルビブムを植栽している。

センペルビブムの群生

軒下のほんの20cm程度の奥行のスペースを多肉植物ガーデンに活用。

真上から見ると不思議な雰囲気。石とセンペルビブムの相性も抜群。

横から見ると、石や枕木に守られていることがよくわかる。

雪囲いのビニールシートの巻き方

傷んだ葉は根元近くから切り取る。

切り落とした葉。

ビニールを巻く準備完了。

シートの巻きはじめに接着テープを付けて、鉢の側面に留める。

雪が積もりづらいようにシートをらせん状に巻いていく。

ソフトクリームの形をイメージして、要所要所をテープで留めながら巻く。

最終の留め口は下向きにすることがポイント。

雪囲い完了

雪国でも丈夫に育つ多肉植物

紅葉しているセンペルビブムSP（未称）。気温の変化で色合いが変わりゆく姿が美しい。

雪に埋もれるまで力いっぱいイキイキしているセンペルビブム。川砂でも生育し、雪の下でも生き続け、年数が経つごとに群生化していきます。
★日陰での枯れ葉下の蒸れに注意。

アガベ「屈原の舞扇」（クツゲンノマイオウギ）青葉が美しいこの品種は冬以外の屋外に適しています。
★冬は室内で管理してください。

アガベ「ベネズエラ」は冬以外ならば屋外でも大丈夫です。
★室内から外へ移動する場合は、直射日光による葉焼けに注意。

濃い葉色の品種や鮮やかな色のもの、葉形が違うものなどを混ぜて、コントラストをつけています。ボンネットに植えられているのは、エケベリア「アガボイデス」「レインドロップ」、アエオニウム「ベロア」「ハオルシー・トリカラー（夕映え）」など。

こんな楽しみ方も

懐かしい“かぶと虫”が多肉植物オブジェに変身！

なんとも遊び心満点。自由な発想に驚かされます。

群馬県にあるサボテン相談室の入り口でひときわ目を引くのが、このフォルクスワーゲン。ボンネットカバーを切り抜き、多肉植物ボックスにしてあります。大き目の品種を中心に、ダイナミックに。鉢のまま置いてあるだけなので、季節によって品種を変えるなど、思いのままに遊べます。

Part 4

多肉植物を引き立てる ガーデンテクニック

LESSON I Garden Technique

寄せ植えやリースをマスターする

寄せ植え・リース作成 若松則子

寄せ植えやリース、ハンギングなどは、庭やベランダを華やかに演出してくれるアイテム。とくに小さな庭の場合は視線を集めるフォーカルポイントとして、風景をつくる要となります。

多肉植物の寄せ植えやリースなどは、管理の手間がかからず、一度つくれば長期間に渡って美しさを保つことができます。小さな庭やベランダの空間の主役にするなら、大きめの寄せ植えか、たくさんの品種を盛り込んだ豪華なリースを。また、小さくてさりげない寄せ植えも、多肉植物の愛らしさを表現するのに向いています。

Technique 1

ガーデンのアクセントに

小さなスペースに寄せ植えを置くと、風景を劇的に変えることができます。
存在感のある大きな寄せ植えやスタンドに飾ったリースなどは空間の主役に。
小ぶりな鉢は、かわいいアクセントに。数鉢組み合わせれば、
土がほとんどない場所も「小さな庭」として演出ができます。

1 アエオニウム「艶姿」
2 カランコエ「朱蓮」
3 クラッスラ「黄金花月」
4 グラプトセダム「秋麗」
5 エケベリア「紅司」
6 カランコエ「月兎耳」

玄関の脇には存在感のある寄せ植えを

英国ウィッチフォード社の大きな鉢に、ダイナミックな寄せ植えを。高さのあるアエオニウム「艶姿」を主役にし、ふわっとしたテイストが魅力の「月耳兎」で質感と色彩のコントラストを出しています。玄関脇は雨が当たりにくいので、管理も楽です。

CREAM CHEESE
PARIS
JARDIN
FONDÉE EN

ブリキの蓋つき小箱

箱の蓋をあけた状態にしておくと、大事な宝物をそっと差し出したみたいな雰囲気になります。植えつける際は釘とカナヅチで底に穴をあけるようにしましょう。

1 エケベリア「パールフォンニュルンベルグ」
2 セダム「黄麗」
3 クラッスラ「アトロプルプレア・アノマーラ」
4 グラプトペタルム「ブロンズ姫」
5 コチレドン「ウッディー」
6 クラッスラ「サルコカウリス」
7 クラッスラ「星の王子」
8 オトンナ「ルビーネックレス」

Technique 2

器を工夫する

器と飾り方次第でさまざまな表情が生まれるのも
多肉植物の魅力のひとつ。
どんな器を使い、どうプレゼンテーションするか。
想像力と創造力をフルに発揮しましょう。

1 カランコエ「月兎耳」
2 クラッスラ「ゴーラム」
3 クラッスラ「火祭」
4 セダム「レフレクサム」

アンティークテイストの水差しで

このまま棚に置いておくだけでも雰囲気のある、アンティークテイストの水差し。鉢がわりに使うと、ベランダやガーデンの棚など、ちょっとした場所のアクセントになります。この例では水差しの色と同系色の品種を中心に選んでいますが、紫葉など、対照的な葉色の品種を植えても素敵です。

1 エケベリア「パールフォンニュルンベルグ」
2 グラプトベリア「初恋」
3 セダム「レフレクサム」
4 エケベリア「錦の司」
5 エケベリア「ストロニフェラ」

キッチン用品はアイデアの宝庫

キッチン用品には、工夫次第で多肉植物の器として使えるものがたくさんあります。使い古した鍋も、こんなふうに大変身。深めの鍋なので、葉が大きめの品種でバランスをとっています。底に穴があけられないので、植えつけの際は根腐れ防止のために珪酸塩白土（ミリオンAなど）を入れましょう。

Technique 3

簡単DIYで個性的に

既製品や日常品にちょっと手を加えるだけで
多肉植物を個性的に表現をすることができます。
あれこれ考えて工夫をするのも、楽しい時間。
子ども時代の工作の気分で、いろいろ試してみてください。

1 クラッスラ「火祭」のみ

錆びた缶にペンキを垂らす

大きめの空き缶を雨ざらしにしてわざと錆びさせ、ほどよい色合いになったところで、縁からペンキを垂らしています。ジャンクな雰囲気を演出できるので、雑貨やアンティーク小物などとも似合います。

木製の額縁を少しだけアレンジ

市販の木製の簡単な額縁に色を塗っただけ。白い粉を帯びた青緑系の品種を中心としたタブローにするため、シックな色合いに抑えてあります。粘着成分が入った培養土「ネルソル」を使っているため、立て掛けても植物が落ちません。

1 エケベリア「白牡丹」
2 グラプトペタルム「ブロンズ姫」
3 グラプトセダム「秋麗」
4 パキベリア「エキゾチカ」
5 セダム「オーロラ」
6 エケベリア「錦の司」

缶をつぶしてエイジングするだけ

大きめの缶をつぶして、ペンキで色を塗ったものです。センターには別の錆びた缶でイニシャルを切り抜き貼り付けてポイントにしています。持ち手の針金をつけたので吊り下げて使うこともできます。

1 セダム「銘月」
2 カランコエ「胡蝶の舞」
3 エケベリア「ストロニフェラ」
4 セダム「レフレクサム」

Technique 4

色や質感、葉形のコントラストで存在感を

多肉植物にはさまざまな葉形、質感、葉色のものがあります。
違いのあるものどうしを組み合わせ、
コントラストを出すことで多肉植物だけの寄せ植えやリースでも華やかになります。
紅葉する品種を入れると、秋から冬にかけてゴージャスに。

葉色の違うロゼット状の品種で存在感をアピール

エケベリアは上から見たときにバラの花のように見えるロゼット状の姿のものが多くあります。色味の違う品種を一緒に植えることで、存在感も抜群。ふわっとした「黄金丸葉マンネンソウ」を添えて、動きを出しています。

1 エケベリア「ブラックプリンス」
2 セダム「銘月」
3 セダム「黄金丸葉マンネンソウ」
4 エケベリア「アガボイデス」
5 エケベリア「立田」

1 カランコエ「月兎耳」 2 グラプトセダム「秋麗」
3 エケベリア「紅司」 4 エケベリア「パリダ」
5 セダム「オーロラ」 6 セダム「ドラゴンズブラッド」
7 エケベリア「ハームシー」
8 ポーチュラカリア「雅楽の舞」
9 セダム「春萌」 10 カランコエ「カクレイ」

葉色の違う品種を集めたゴージャスなリース

小さな空間の主役となる、ダイナミックで豪華なリース。紫色や黄色、緑色、青緑、覆輪が出る品種、紅葉する品種などを組み合わせることで色彩が豊かになります。気温が下がるにつれてさらにコントラストが強くなり、さびしくなりがちな冬のガーデンの主役となります。

Technique
5

小さな寄せ植えで さりげなく

コンパクトなサイズの寄せ植えやハンギングは、
雑貨や小物などとも組み合わせやすく
空間をおしゃれに演出する力があります。
植える器を工夫することで、
ちょっとした空間のアクセントに。
鉢だけではなく食器や籠など、
身近なものを利用してみてください。

カフェオレボールやココットでかわいらしく

空間をなごませる、身近な食器を利用したさりげない寄せ植え。白っぽい器には、フレッシュな印象を与える淡い緑色の多肉植物がよく似合います。底に穴があいていないものは、根腐れ防止のため、植える際に珪酸塩白土（ミリオンAなど）を入れましょう。

1 エケベリア「白牡丹」
2 コチレドン「天狗の舞」
3 セダム「春萌」
4 セデベリア「イエローフンバード」
5 セダム「銘月」

明るい緑色でフレッシュに

小さな木箱にフレッシュグリーン～青緑系の品種を寄せ植え。覆輪とライムグリーンのマンネンソウが軽やかさと動きを出しています。「秋麗」は秋になるとほんのりピンクに色づき、また違った雰囲気を楽しむことができます。

1 グラプトセダム「秋麗」
2 セダム「丸葉マンネンソウ白覆輪」
3 コチレドン「熊童子」

そよ風に揺れる丸いハンギング

プラスチック容器にスリットを入れ、植えつけながら何段も重ねてつくったボール状のハンギング。ライムグリーンの「丸葉マンネンソウ」を入れることで、明るい雰囲気に。木にぶらさげると、そよ風でゆらゆら揺れます。

1 セダム「丸葉マンネンソウ」
2 クラプトセダム「秋麗」
3 オトンナ「ルビーネックレス」
4 セダム「玉つづり」
5 セダム「ドラゴンズブラッド」

蓋つきの小さな籠を利用して

蓋つきの小さな籠に、ペーパーを敷いて、ミズゴケを使って植えつけ。繊細な籠と調和するよう、下垂性の「ルビーネックレス」や面白い形に伸びる「星の王子」などで、動きを出しています。

1 クラッスラ「星の王子」
2 カランコエ「胡蝶の舞」
3 クラッスラ「火祭」
4 オトンナ「ルビーネックレス」

Technique 6

一鉢で世界観を表現

個性的な形をした多肉植物と鉢や小物の組み合わせで
ガーデニングの枠を超えた“表現”の領域を楽しむことができます。
いわば生長し続けるアート。自由な発想力で、楽しんでみては?

1 コチレドン「銀波錦」
2 クラッスラ「青鎖竜」
3 セダム「黄麗」
4 「ブカレリエンシス」〈サボテン〉
5 アドロミスクス「天錦章」

造形の美しさを堪能する

コチレドン「銀波錦」の波打つ扇状の美しい葉と茎の踊り方だけでも世界ができています。鉢内に穴をあけ、レンガを置いて小型の多肉植物を植え、フィギアを添える事で独特の世界観が。

里山の風景を表現

ミセバヤと小型のギボウシを組み合わせた、空中の小さな庭。苔が風情を添えています。ミセバヤは愛らしいピンクの花をつけ、秋には紅葉します。

1 ギボウシ「糸覆輪乙女」（山野草）
2 コケ（コケの中に芝のこぼれ種）
3 セダム「ヒダカミセバヤ」

Technique 7

和のテイストを演出

ミセバヤやツメレンゲなど日本に自生している多肉植物と
苔や山野草、シダ類などを合わせると、
和のテイストのある寄せ植えをつくることができます。
情緒があるナチュラルな1鉢は
まったく新しい多様な植物の魅力を教えてくれるはず。

「ツメレンゲ」

風情あるミニ苔盆栽

ツメレンゲと苔を組み合わせたミニ盆栽。手の平にのるほどの大きさですが、ナチュラルな趣があり、ほっとさせてくれます。

Technique 8

リースで小さな空間を華やかに

小スペースを華やかに演出するために
ぜひ取り入れたいのが、多肉植物のリースです。
品種の組み合わせによってゴージャスにも清楚にもなり、
場の雰囲気をパッと変えてくれます。
管理の手間もほとんどかからないので、
一度つくれば長期間に渡って
楽しむことができます。

1 グラプトセダム「秋麗」
2 エケベリア「ハームシー」
3 セダム「トリカラー」
4 カランコエ「不死鳥」

クリスマスにも向く清楚な美しさ

まるで星がまたたいているよう。ガーデンシクラメンなど赤い花の小さな鉢を添えると、クリスマスシーズンのリースとしても活躍します。

1 グラプトベリア「初恋」
2 エケベリア「フロスティー」
3 セダム「メキシコマンネンソウ」
4 グラプトセダム「秋麗」
5 カランコエ「胡蝶の舞」
6 ポーチュラカリア「雅楽の舞」
7 エケベリア「紅司」

紫葉を生かしてドラマチックに

紫葉など、個性的で大きい葉の品種がまるで花のよう。隣り合う品種の葉色と葉形にコントラストをつけることで、ドラマチックになります。小さい葉や針状の葉の品種が、動きを生み出します。

寄せ植えをつくってみましょう

寄せ植えの基本は、なるべく夏型種と冬型種を混ぜないこと。休眠期がずれてしまうと、水やりの管理が難しくなります。美しく仕上げるには、葉色や葉形が違うものを選び、コントラストをつけるのがコツ。まず主役となる品種を選び、主役を引き立てるサブの品種を選ぶといいでしょう。葉の小さなセダム類を脇役として添えると、軽やかさが出ます。わざと徒長した苗を使って動きを出すのもテクニックのひとつです。

用意する多肉植物

12 エケベリア「カンテ」
13 エケベリア「パールフォン ニュルンベルグ」
7 エケベリア「アフィニス（古紫）」
8 グラプトセダム「秋麗」
9 エケベリア「フミリスカマルゴ」
10 セダム「姫星美人」
11 クラッスラ「ボルケンジー」

用意する道具

1 鉢
2 植えつけ用土
3 筒形土入れ
4 赤玉土（小粒）
5 ピンセット
6 鉢底網か 欠けた鉢の破片

ここがポイント

できれば同じ
生育タイプから品種を選ぶ

植えつけの手順

1 鉢穴の大きさにあわせて、素焼き鉢の破片か、鉢底網を敷く。

2 水はけをよくするため、底から2～3㎝、赤玉土を入れる。鉢が深い場合は、軽石や鉢底石を入れてもいい。

3 草花用培養土に3割くらい赤玉土を混ぜた用土を適量入れる。

4 害虫防止のため、殺虫剤を少量入れておくと安心。今回はアクタラ粒剤を使用。

5 まず主役となる一番大きな苗から植えつける。プラ鉢から苗を抜く際は、トントンと鉢を叩いて土をゆるめる。

6 根を軽くほぐし、古い土を半分くらい取る。とくに真ん中の土はなるべく取るように。このとき、根ジラミなどがいないか根際をチェック。コブがある場合は線虫がついている可能性があるので取り除く。

7 他の苗の高さに合うよう調節するために、筒形土入れを使って土を入れる。

8 手前に植えるものは、やや手前に傾けて。株元をピンセットで挟んで作業すると、うっかり触れて葉がポロッと落ちる心配がない。

9 枝がやや暴れているものは、わざと縁から垂らすように傾けて植えると、動きが出て面白い。

10 苗の間に土を入れていく。

11 微妙な角度の調整などは、ピンセットを使って慎重に。植え終わったら水はやらず、2～3週間は半日陰で管理する。

できあがり

リースをつくってみましょう

立て掛けても、椅子などに平らに置いても使えるリース。粘着力のある培養土「ネルソル」を使うと、立て掛けても植えた植物が落ちてきません。ただしネルソルだけで植えるより、底に普通の培養土を入れたほうが、根の張りもよくなります。植えるのは挿し木用に切り取った挿し穂。2〜3日乾かしてから植えるようにします。植え終わったら2〜3週間は水を与えず、しっかり日に当てて管理しましょう。

ここがポイント

粘着力のある培養土「ネルソル」を使うと、立て掛けて植えたものが落ちない

用意する多肉植物

さまざまな品種から切り取った挿し木用の挿し穂

エケベリア「白牡丹」
グラプトセダム「秋麗」
セダム「黄麗」
「ドラゴンズブラッド」など

用意する道具

1 リース用の器
2 筒形土入れ
3 スプーン
4 ピンセット
5 割りばし
6 植物用培養土
7 ネルソル

植えつけの手順

1 培養土を底から1/3くらいまで入れる。

2 ネルソルに水を加えて、糸を引くまでよく混ぜる。

3 混ぜたネルソルを縁まで入れる。

4 まずはじめに、正面の核になる品種をネルソルに挿す。

5 動きを出すドラゴンズブラッドを添える。細かい作業はピンセットを使うといい。

6 この3種が正面となる。

7 正面の横に数品種を挿し、正面付近を充実させる。

8 最初に植えたものと同じ品種を、三角形をつくるように2ヵ所に挿す。

9 隣り合う品種にコントラストをつけるようにして、次々と挿していく。

できあがり

Technique 1

背景と棚を上手に利用

隣家との境い目などの目隠しになるウッドパネルや棚は、
多肉植物を飾るのにうってつけの場所です。
ウッドパネルをあらたにつくる場合は、ぜひ棚も設置しましょう。

室外機カバーを棚に

DIYで室外機カバーの上にディスプレイスペースが設けてあります。仕切りが細かい棚は雑貨と組み合わせやすく、軒下は雨にも濡れにくいので、多肉植物にぴったりです。

LESSON II Garden Technique

ディスプレイのコツをマスターする

多肉植物は形が面白いので、雑貨や小さな家具などと組み合わせることで、個性的な空間をつくることができます。まずはディスプレイの場所を決めるところから。棚がなくても、箱や椅子を利用するなど、さまざまな方法があります。また、小さな庭であればあるほど、隣家の建物が目に入るなど、さまざまな条件に縛られがち。そんなとき、棚つきのウッドパネルなどを設けることで、隠しながらディスプレイの場をつくることも可能です。

ここではさまざまなアイデアをご紹介しますので、参考にして自分なりに工夫してみてください。

雨どいを利用した鉢を多肉植物スペースに

隣家との境に立てたウッドパネルの棚を植物コーナーにしています。手前下の、雨どいに足をつけて鉢にしたものに植えた多肉植物が全体の空間をまとめています。

ガーデン用の小屋や家屋も背景に

ガーデン用の小屋や家屋の壁面を背景に、小さな棚などを設けて。ひさしが雨よけになるので、多肉植物を育てやすい環境になります。

Technique
2

箱や椅子で立体的に

箱や椅子をうまく利用すると高さを出すことができ
ガーデンのアクセントになります。
とくにアンティークの椅子は、
小さなスペースの雰囲気づくりに役立ちます。

箱を重ねて棚として活用

木箱を二つ重ねることで、棚のような使い方ができます。
背が金網のものは風通しも確保できるので、おすすめです。

箱と空き缶の相性に注目

古い木箱と空き缶を組み合わせて、ベランダをジャンクな魅力のあるスペースに。缶は底に穴をあけて使っています。

ウッドデッキの下のコレクション

ウッドデッキの縁からのぞくように木箱を置き、小さな寄せ植えを収納。なんとも心憎いアイデアです。

ガーデンチェアのポイントに

ガーデンチェアに大きめのリースや寄せ植えをおくと、フォーカルポイントに。多肉植物のリースなら、冬も葉が楽しめ、ガーデンにいきいきとした彩りを添えてくれます。

繊細なアンティークの椅子

アンティークの椅子は、ベランダや玄関脇の花置台として重宝するアイテム。繊細なデザインのものは、小さめの多肉植物の寄せ植えとよく似合います。

スツールをペンキで塗装

平凡なスツールも色を塗るだけで、雰囲気が変わります。古くなった家具など、いろいろなものをリメイクして楽しんでみませんか。

Technique 3

雑貨と組み合わせて

多肉植物ならではの質感や形の面白さに注目し、
雑貨を組み合わせて楽しむ人がふえています。
どんなものと組み合わせるかは、その人次第。
遊び心を発揮して、
おおいに楽しんでみてください。

モルタルアート

ガーデニング愛好家の間で
静かなブームになりつつあるモルタルアート。
こんなミニチュアの寄せ植えを
つくることができるのも、多肉植物ならでは。

アンティークやジャンク小物

アンティークやジャンク小物は、多肉植物と相性がぴったり。
ディスプレイするときは鉢との相性を考えて。
空間に自分なりのひとつの世界をつくるつもりで、考えてみては？

ワイヤー籠

小さな鉢植えや寄せ植えをディスプレイする際に便利なのがワイヤー籠。
置いて使うこともできるし、形によっては壁掛けにも。
錆びても趣があります。

アンティークのお玉が活躍

フェンスにかけたお玉に小さな寄せ植えを。窓の防犯用に使われていたブルーの桟が効いています。土が少なくても育つ多肉植物ならではの楽しみ方です。

Technique 4

“掛ける”工夫で個性的に

小さなスペースを有効に使うため、
ぜひ取り入れたいのが
壁面やフェンスなどに“掛ける”工夫です。
空間を立体的に利用することでスペースを無駄なく使え
自然に視線が行く高さにポイントをつくることができます。

玄関のアクセントに

アンティークの雑貨、鉢掛け、椅子の組み合わせが秀逸。壁の色に、重厚な金具が映えています。鉢掛けにはセダム「ブレビフォリウム」「ドラゴンズブラッド」、「ブロンズ姫」など。

伸びゆくアート

セダム「ビアーホップ」が光を求めて伸びていき、自然とこんな曲線を描くように。生命力あふれる多肉植物の姿が、魅力的です。

Part 5

ガーデンで育てやすい多肉植物

［図鑑］

エケベリア

春秋型

ベンケイソウ科　細根タイプ
原産地：中米

バラの花を思わせるロゼット型の葉が魅力。直径3cm程度のものから40cmほどになる大型種まであり、葉色も緑、赤、白、紫、青色系と変化に富んでいます。花や紅葉も魅力です。

プリドニス
（和名 花うらら）

生育タイプ：春秋型
夏の注意：50%くらい遮光する
冬の注意：0℃以下にしないように
大きさ：小型
ロゼット直径約8〜10cm
育てやすさ：☆☆☆

丈夫で花粉も多いので、交配親としても優良。小型のうちに子吹きし群生株になる。

ピーコッキー・デスメチアナ
（和名 養老）

生育タイプ：春秋型
夏の注意：50%くらい遮光する
冬の注意：0℃以下にしないように
大きさ：小型
直系約10cmまで
育てやすさ：☆☆☆

古くからある品種で、青磁白色の葉色が魅力。

ルンヨニー・サンカルロス

生育タイプ：春秋型
夏の注意：50%くらい遮光する
冬の注意：0℃以下にしないように
大きさ：中〜大型で扁平
幅約15cm〜
育てやすさ：☆☆☆

数種類あるルンヨニーの新発見種。ゆるやかなウエーブの葉が美しい。

シャビアナ・ピンクフリル

生育タイプ：春秋型
夏の注意：とくに遮光を強め、
涼しく
冬の注意：直射日光によく当てる
大きさ：中型　直径約20cmまで
育てやすさ：☆☆

小さいフリルが美しいシャビアナ。ピンク以外にパープルやブルーの品種もありカラフル。

リンゼアナ

生育タイプ：春秋型
夏の注意：50%くらい遮光する
冬の注意：0℃以下にしないように
大きさ：中型　ロゼット直径
約15〜25cm
育てやすさ：☆☆

コロラータの優型種につけられた名前で、エケベリアの中でも紅色の爪が美しい人気の高い品種。

桃太郎

生育タイプ：春秋型
夏の注意：50%くらい遮光する
冬の注意：0℃以下にしないように
大きさ：小型
ロゼット直径約10cm
育てやすさ：☆☆

チワワエンシスとリンゼアナの交配種で赤い爪がみごとな品種。ぷっくりとした葉と整った形が人気。

メキシカンジャイアント

生育タイプ：春秋型
夏の注意：50%くらい遮光する
冬の注意：0℃以下にしないように
大きさ：大型
ロゼット直径約30cm
育てやすさ：☆☆

外側は薄いピンク、中心部は水色になり美しい。原産地不明の貴重品種。

育てやすさの目安：☆☆☆＝初心者向き　☆☆＝少々注意が必要　☆＝管理に注意が必要

カンテ

生育タイプ：春秋型
夏の注意：遮光を強め涼しくする
冬の注意：0℃以下にしないように
大きさ：大型　ロゼット直径
約30cmまで
育てやすさ：☆☆

「エケベリアの女王」と呼ばれ、真夏に花が咲く優美な原種。（多くのエケベリアの開花は春から初夏）

澄絵
（別名 澄江）

生育タイプ：春秋型
夏の注意：50%くらい遮光する
冬の注意：0℃以下にしないように
大きさ：小型
育てやすさ：☆☆

多花性でピンクの葉が人気の、日本作出の交配種。春には写真のようなオレンジ色の花を咲かせる。

ブルーアジェール

生育タイプ：春秋型
夏の注意：50%くらい遮光する
冬の注意：0℃以下にしないように
大きさ：小型
育てやすさ：☆☆☆

淡いブルー系に白い粉がのり、葉先の爪の形が魅力。子吹きが旺盛で群生株になる。

ラウリンゼ

生育タイプ：春秋型
夏の注意：50%くらい遮光する
冬の注意：0℃以下にしないように
大きさ：中型
ロゼット直径約20cm
育てやすさ：☆☆☆

葉の数が多く、ラウイーとリンゼアナの有名な交配種で、ぜひ栽培したい品種のひとつ。

エレガンス

生育タイプ：春秋型
夏の注意：50%くらい遮光する
冬の注意：0℃以下にしないように
大きさ：小型
ロゼット直径約8cmまで
育てやすさ：☆☆

写真は10種類前後あるエレガンスの仲間の代表的な顔（姿）。葉のエッヂが半透明なのが人気。

アガボイデス・レッドエイジ

生育タイプ：春秋型
夏の注意：一年中よく日に当てる
冬の注意：関東以西は戸外で
越冬
大きさ：大型
ロゼット直径約30cm
育てやすさ：☆☆☆

寒さ暑さにも強く、丈夫でガーデニングに向いている。

チワワエンシス

生育タイプ：春秋型
夏の注意：50%くらい遮光する
冬の注意：0℃以下にしないように
大きさ：小型
ロゼット直径約7cmまで
育てやすさ：☆☆☆

強健で育てやすく人気のエケベリア。メキシコ・チワワ産の原種で葉の爪が赤く染まり、花も赤色。

ピンキー

生育タイプ：春秋型
夏の注意：50%くらい遮光する
冬の注意：0℃以下にしないように
大きさ：中型　ロゼット直径
約15〜18cm
育てやすさ：☆☆☆

性質も強健でつくりやすく、優良品種のひとつ。シャビアナとカンテの交配種。緑とピンクの入り方が美しい。

アフィニス
（和名 古紫）

生育タイプ：春秋型
夏の注意：50%くらい遮光する
冬の注意：0℃以下にしないように
大きさ：小型　幅約7cm
育てやすさ：☆☆

深い赤紫色のシックな葉が魅力的。よく日に当てると、葉色が濃くなるが夏の暑さには注意。

ミニマ

生育タイプ：春秋型
夏の注意：高温に弱いので涼しく
冬の注意：0℃以下にしないように
大きさ：超小型
　ロゼット直径約2～3cm
育てやすさ：☆☆

エッヂや爪が赤くキュート。小さい品種をつくるための交配親に適している。よく子吹きし群生株をつくる。

クラッスラ

夏型、冬型、春秋型

ベンケイソウ科　細根タイプ
原産地：南部～東部アフリカ

属名のクラッスラとは「厚い」という意味。さまざまな形のものがあるグループで、なかには奇妙な形のものもあります。冬型は夏の暑さが苦手なので、半日陰で風通しよく育てます。

ラウイー

生育タイプ：春秋型
夏の注意：50%くらい遮光する
冬の注意：0℃以下にしないように
大きさ：中型
　ロゼット直径約15cm
育てやすさ：☆☆

エケベリア中で一番白い品種。ロゼットの美しさ、白い粉をまとった葉の質感のバランスがいい。

茜の塔 アカネノトウ

生育タイプ：春秋型
夏の注意：50%くらい遮光する
冬の注意：0℃以下にしないように
大きさ：小型
育てやすさ：☆☆

秋には茜色に紅葉し、白い小花をたくさんつける。群生するのも魅力。葉を重ねて育っていくので、まさに塔のような姿に。

トプシーツルビー

生育タイプ：春秋型
夏の注意：50%くらい遮光する
冬の注意：0℃以下にしないように
大きさ：中型
　ロゼット直径約15cm
育てやすさ：☆☆☆

ルンヨニーの中からできた突然変異種（ミュータント）で、葉が逆向きに反るのがユニーク。強健品種。

火祭 ヒマツリ

生育タイプ：春秋型
夏の注意：一年中よく日に当てる
冬の注意：－3℃でも越冬
大きさ：小型
育てやすさ：☆☆☆

写真の苗は夏姿。丈夫な品種で秋に日によく当てると、気温が低くなるにつれ紅葉が美しくなり、先の尖った葉が炎のよう。

静月 セイゲツ

生育タイプ：春秋型
夏の注意：50%くらい遮光する
冬の注意：0℃以下にしないように
大きさ：中型
　ロゼット直径約10cm
育てやすさ：☆☆

冬に紅葉し葉先が赤みを帯び、葉の数も多くゴージャスに群生する。日本作出品種で海外でも人気。

グラプトペタルム

夏型、春秋型　ベンケイソウ科　細根タイプ
原産地：メキシコ

小型種が多く、エケベリアとの交配も盛んです。グラプトペタルムとエケベリアの交配種はグラプトベリア、セダムとの交配種グラプトセダムとグループ分けされています。

珠々姫 ジュズヒメ

生育タイプ：春秋型
夏の注意：50%くらい遮光する
冬の注意：0℃以下にしないように
大きさ：小型　育てやすさ：☆☆

小さい葉が次々重なるように伸び、紐状に曲がって伸びる。寄せ植えのアクセントに向く。

メンドーサエ
（和名 姫秋麗）

生育タイプ：春秋型
夏の注意：50%くらい遮光する
冬の注意：0℃以下にしないように
大きさ：小型
直径約1cm
育てやすさ：☆☆☆

肉厚でぷっくりした葉が集まってかたまりになり、よくふえる。花は純白。

赤鬼城 アカオニジョウ

生育タイプ：春秋型
夏の注意：50%くらい遮光する
冬の注意：0℃まで戸外で越冬
大きさ：小型
育てやすさ：☆☆☆

真っ赤に紅葉する品種で、挿し木や葉挿しでふやすことができる。強健でガーデンにも向く。白い小花には芳香がある。

菊日和 キクビヨリ

生育タイプ：春秋型
夏の注意：夏の暑さが苦手
冬の注意：0℃以下にしないように
大きさ：小型
直径約5cmまで
育てやすさ：☆

古くからある品種で、菊の花を思わせる葉が特徴。子を出していい群生株をつくる。星のような赤い花も魅力。

花月 カゲツ

生育タイプ：夏型
夏の注意：一年中日に当てる
冬の注意：0℃以下にしないように
大きさ：小～大型
1m以上にも
育てやすさ：☆☆☆

古くからある品種で「金のなる木」のニックネームでも知られている。いたって強健で育てやすい。

銀天女 ギンテンニョ

生育タイプ：春秋型
夏の注意：夏の暑さが苦手
冬の注意：0℃以下にしないように
大きさ：小型
直径約4cm
育てやすさ：☆☆

紫の葉色が魅力で、通年この色を保つ。よく子を出し、形状のいいロゼットをつくる。貴重品種。

若緑 ワカミドリ

生育タイプ：夏型
夏の注意：一年中よく日に当てる
冬の注意：0℃以下にしないように
大きさ：小型
育てやすさ：☆☆☆

細かい葉がひも状につらなったユニークな姿が特徴的。春から夏にかけて摘芯すると、わき芽が出て姿が整う。

オロスタキス

夏型　ベンケイソウ科　細根タイプ
原産地：日本、韓国、中国など

東アジア原産の多肉植物で、かわいらしいロゼット状の葉が魅力。冬はロゼットをとじて戸外越冬し、地植えでもよく育ちます。

ベルム

生育タイプ：春秋型
夏の注意：暑さに弱いので注意
冬の注意：0℃以下にしないように
大きさ：小型
直径約4cm
育てやすさ：☆☆

葉は整ったロゼット状で群生する。ピンクの星形で1.5cmくらいの花を咲かせることで人気。

子持ちレンゲ錦

生育タイプ：夏型
夏の注意：一年中直射日光下で
冬の注意：0℃以下でも越冬可能
大きさ：小型
直径約5cm
育てやすさ：☆☆☆

黄色の覆輪の入った美しい品種。春になるとロゼットが開き、元気にランナーを伸ばし子をつける。

アメジスティヌム

生育タイプ：春秋型
夏の注意：50%くらい遮光する
冬の注意：0℃以下にしないように
大きさ：茎立性
高さ約7cm
育てやすさ：☆☆

茎の上に肉厚の丸い葉がロゼット状に展開。葉姿はパキフィツムに、花はグラプトセダムに似ている。

富士

生育タイプ：夏型
夏の注意：夏の暑さが苦手
冬の注意：0℃以下にしないように
大きさ：小型
直径約6cm
育てやすさ：☆

日本産の代表的な「岩レンゲ」の白覆輪品種。花が咲いた株は枯れるため、出た子を挿し木で育てる。

グラプトセダム・秋麗

生育タイプ：夏型
夏の注意：一年中直射日光下で
冬の注意：−2〜3℃まで越冬可能
大きさ：小〜中型 高さ5〜20cm
育てやすさ：☆☆☆

丈夫で繁殖力が旺盛で、とくにガーデン（地植え）に向き、葉挿しで簡単にふえる。日本作出の交配種。

岩レンゲ

生育タイプ：夏型
夏の注意：一年中直射日光下で
冬の注意：戸外越冬可能
大きさ：小型
直径約5cmで群生
育てやすさ：☆☆☆

葉色が美しい品種。ランナーを伸ばして、たくさん子株をふやす。強健でガーデン向き。

グラプトセダム・グローリア
（和名 光輪）

生育タイプ：春秋型
夏の注意：50%くらい遮光する
冬の注意：0℃以下にしないように
大きさ：小型
直径・高さ約5cm
育てやすさ：☆☆

尖った葉は赤く染まり、まさに光輪のよう。グラプトペタルム「銀天女」とセダム「銘月」との交配種。

育てやすさの目安：☆☆☆＝初心者向き　☆☆＝少々注意が必要　☆＝管理に注意が必要

乙女心 オトメゴコロ

生育タイプ：春秋型
夏の注意：秋によく日に当てる
冬の注意：0℃以下にしないように
大きさ：小型
育てやすさ：☆☆☆

ぷっくりとした葉が特徴。秋には先端から紅色に色づく。寄せ植えなどのアクセントにも向く。

子持ちレンゲ

生育タイプ：夏型
夏の注意：一年中直射日光下で
冬の注意：戸外越冬可能
大きさ：小型 直径約5cm
育てやすさ：☆☆☆

北海道などに自生。ロゼットからランナーを出して子株をつけ、ロゼットの中心から白い花が咲く。

姫星美人 ヒメホシビジン

生育タイプ：春秋型
夏の注意：一年中よく日に当てる
冬の注意：0℃以下でも越冬可能
大きさ：小型
育てやすさ：☆☆☆

濃い緑色の肉厚で小さな葉がかたまってつく。冬は紫色に染まり、白い花がいっせいに咲く。

ツメレンゲ

生育タイプ：夏型
夏の注意：一年中直射日光下で
冬の注意：戸外越冬可能
大きさ：小型 直径約5cm
育てやすさ：☆☆☆

ロゼット状の葉が重なり、中心が伸びて白い花をつける。花をつけた株は枯れ、根元の子株が残る。

虹の玉 ニジノタマ

生育タイプ：春秋型
夏の注意：一年中よく日に当てる
冬の注意：0℃以下にしないように
大きさ：小型
育てやすさ：☆☆☆

丸い粒状の葉は夏には緑色が強く、晩秋から冬にかけて真っ赤に色づく。小葉ひとつから葉挿しでふやせる。

セダム

夏型、春秋型 | ベンケイソウ科 細根タイプ
原産地：世界各地

世界各地に自生しており、耐寒性、耐暑性にすぐれており、丈夫でとても栽培しやすいグループ。グラウンドカバーに向いている葉が小さい品種も多くあります。

オーストラーレ

生育タイプ：通年
夏の注意：一年中よく日に当てる
冬の注意：0℃以下でも越冬可能
大きさ：小型
育てやすさ：☆☆☆

寒くなると、徐々に白い粉をまとう。枝が伸びたら切り戻して、こんもりとした姿にするのがコツ。

銘月 メイゲツ

生育タイプ：夏型
夏の注意：秋によく日に当てる
冬の注意：戸外でも越冬可能
大きさ：小型 直径約7cm 高さ約20cm
育てやすさ：☆☆☆

肉厚でツヤのある黄緑色の葉が特徴。茎が伸びよく分枝する。秋にはエッヂが濃いオレンジ色に染まる。

姫玉つづり

生育タイプ：春秋型
夏の注意：50%くらい遮光する
冬の注意：0℃以下にしないように
大きさ：小型
1房の直径約3cm
育てやすさ：☆☆

垂れて生育するので、ハンギングなどに向く。極小のものや、やや大きい「大玉つづり」などもある。

ドラゴンズブラッド

生育タイプ：春秋型
夏の注意：一年中よく日に当てる
冬の注意：0℃以下でも越冬可能
大きさ：小型
育てやすさ：☆☆☆

グラウンドカバー材料として、ぜひ使いたい品種。気温が下がると鮮やかな赤紫色に。挿し木でよくふえる。

丸葉マンネンソウ白覆輪

生育タイプ：通年
夏の注意：一年中直射日光下で可
冬の注意：0℃以下でも越冬可能
大きさ：超小型　群生
育てやすさ：☆☆☆

小さな丸い葉に白の覆輪が入るタイプ。寄せ植えに添えると軽やかさが演出できる。

黄金マンネンソウ

生育タイプ：通年
夏の注意：夏は弱いので半日蔭で
冬の注意：0℃以下でも越冬可能
大きさ：超小型　群生
育てやすさ：☆☆☆

細かく明るい黄色い葉が茂るグラウンドカバー向き。大きな植物などの陰のポジションで育てるようにするといい。

タイトゴメ

生育タイプ：通年
夏の注意：一年中直射日光下で可
冬の注意：－5℃以下でも越冬可能
大きさ：超小型　群生
育てやすさ：☆☆☆

日本原産で、海岸の岩場などに群生している。米粒のような葉が密生。強健でガーデン向き。

メキシコマンネンソウ

生育タイプ：通年
夏の注意：一年中よく日に当てる
冬の注意：0℃以下にしないように
大きさ：小型
育てやすさ：☆☆☆

針状の葉を持つマンネンソウ。丈夫でよくふえる。蒸れると下のほうが茶色く枯れるので、夏は切り戻すといい。

レフレクサム

生育タイプ：通年
夏の注意：一年中直射日光下で可
冬の注意：0℃以下でも越冬可能
大きさ：小型　群生
育てやすさ：☆☆☆

銀葉が美しく、ガーデンのグラウンドカバーにも最適。強健でよくふえる。

ラコニクム

生育タイプ：春秋型
夏の注意：一年中日によく当てる
冬の注意：0℃以下にしないように
大きさ：小型
高さ3～5cm
育てやすさ：☆☆☆

通年ライトブルーの小葉が間延びせずにびっしりとつき、清涼感がある。白い花が咲く。

育てやすさの目安：☆☆☆＝初心者向き　☆☆＝少々注意が必要　☆＝管理に注意が必要

巻絹 マキギヌ

生育タイプ：春秋型
夏の注意：耐暑性に優れる
冬の注意：−5℃まで越冬可能
大きさ：小型
ロゼット約5cm
育てやすさ：☆☆☆

代表的な品種で、生長すると葉の先端から白糸が伸びて全体を覆う。強健でガーデンにも向く。

センペルビブム

冬型、春秋型　ベンケイソウ科　細根タイプ
原産地：ヨーロッパ中南部の山地

小型のロゼットタイプで、葉を巻いた姿が美しく人気です。寒さに強く、地植えにも向いています。夏は半日陰で風通しよく育てます。ランナーを伸ばして子株をつけるので簡単にふやせます。

ハオルシア（軟葉系）

冬型、春秋型　ユリ科（ツルボラン科）　太根タイプ
原産地：南アフリカ

光を取り込むために透明な窓をもつ軟葉系のハオルシアは、その不思議な姿から高い人気があります。夏は遮光をし通風をよくし、冬は室内に取り込むようにしましょう。

百恵 モモエ

生育タイプ：春秋型
夏の注意：夏の暑さに敏感
冬の注意：0℃以下でも
越冬可能
大きさ：小型
直径約6〜7cm
育てやすさ：☆☆

筒状の細長い葉が特徴。葉先がほんのり染まり、株元付近に子株をつける。

オブツーサ

生育タイプ：春秋型
夏の注意：半日陰で育てる
冬の注意：3℃以下にしないように
大きさ：小型
直径約6cm群生
育てやすさ：☆☆

透明な窓をもった太く短い葉がびっしりと詰まった人気品種。生育期は数時間だけ日光に当てると徒長しない。

ガイジェスタ

生育タイプ：春秋型
夏の注意：一年中直射日光下
で可
冬の注意：0℃以下にしないように
大きさ：小型
直径約5cm
育てやすさ：☆☆

葉の縁には細かい切れ込みがあり繊細な姿が人気、葉先が紅色に染まる。

氷砂糖 コオリザトウ

生育タイプ：春秋型
夏の注意：半日陰で育てる
冬の注意：3℃以下にしないように
大きさ：小型
直径約4cm
育てやすさ：☆☆

ところどころに斑が入る品種。透明感がある尖った葉も魅力。生長はゆっくりだがよく群生する。

カフェ

生育タイプ：春秋型
夏の注意：一年中直射日光下
で可
冬の注意：0℃以下にしないように
大きさ：小型　直径約6cm
育てやすさ：☆☆

春の生長期には、葉先が濃いコーヒー色になる。シックなイメージづくりに役立つ人気品種。

クーペリー

生育タイプ：春秋型
夏の注意：直射日光は避け半日蔭で
冬の注意：3℃以下にしないように
大きさ：小型　直径約7cm
育てやすさ：☆☆

オブツーサより細い尖った葉が特徴。生長が早くいい群生株になる。

玉扇 タマオウギ

生育タイプ：春秋型
夏の注意：半日陰で育てる
冬の注意：3℃以下にしないように
大きさ：小型　幅10cmで群生
育てやすさ：☆☆

上部を切ったような姿が印象的で、分厚い葉の先端の模様は多彩。ごぼう根を伸ばすので深鉢で。

アエオニウム

冬型　ベンケイソウ科　細根タイプ
原産地：カナリア諸島、北アフリカなど

密に重なるロゼット状の葉が特徴。茎がよく伸びて木立ち状になる品種もあります。冬に日照不足になると徒長します。徒長した株は挿し芽をして更新しましょう。

スパツラーツム

生育タイプ：冬型
夏の注意：休眠期なので日陰で
冬の注意：3℃以下にしないように
大きさ：小型の木立性　高さ約50cm
育てやすさ：☆☆☆

アエオニウムの中では小型の品種。丸みのある葉形が特徴。冬は水と日光をたっぷりと。

黒法師 クロホウシ

生育タイプ：冬型
夏の注意：休眠期なので日陰で
冬の注意：0℃以下にしないように
大きさ：木立性で1.5mくらいまで伸びることもある
育てやすさ：☆☆☆

つややかな黒紫色の葉色が人気。風通しのいいところで育てる。上部を切り戻すと多くの葉が出る。

ベロア

生育タイプ：冬型
夏の注意：耐暑性に優れる
冬の注意：3℃以下にしないように
大きさ：直径約20cm以上　高さ約1m
育てやすさ：☆☆☆

葉は紫色で、中心が緑色の美しいグラデーションになる。日陰に置くと緑色に変色するので注意。

アウレア

生育タイプ：冬型
夏の注意：涼しいところに置き断水
冬の注意：生長期なので乾かさないように水やりを
大きさ：直径約10cm
育てやすさ：☆☆

写真のように生長期の葉も美しいが、休眠期は葉をつぼめ、バラのつぼみのよう。

サンバースト・セッカ

生育タイプ：冬型
夏の注意：直射日光を避け涼しく
冬の注意：越冬は3℃まで
大きさ：立木性　1mくらいまで
育てやすさ：☆☆☆

黄色の覆輪と赤の縁取りが美しい。原種の部分が出たら切ると大きく育つ。

カランコエ

夏 型

ベンケイソウ科　太根タイプと細根タイプ
原産地：マダガスカル、南アフリカ

葉の形状や色彩が個性的で、バラエティに富んでいます。丈夫なので地植えに向いているものも多いですが、冬の寒さに弱い品種もあるので、寒冷地では室内に取り込むようにしましょう。

野うさぎ

生育タイプ：夏型
夏の注意：真夏のみ50%遮光する
冬の注意：5℃以下にしないように
大きさ：小型　立木性
育てやすさ：☆☆☆

葉先が茶色になり、全体に細かい毛がふわっと生えている。「月兎耳」の一種でよく枝を出して群生。

月兎耳《ツキトジ》

生育タイプ：夏型
夏の注意：一年中よく日に当てる
冬の注意：5℃以下にしないように
大きさ：立木性
高さ約50cmまで
育てやすさ：☆☆☆

細長い葉にビロード状のうぶ毛がびっしり生えている。マダガスカル島産なので寒さに少し敏感。

フミリス

生育タイプ：夏型
夏の注意：一年中よく日に当てる
冬の注意：5℃以下にしないように
冬は屋内で
大きさ：小型　ほふく性
育てやすさ：☆☆

えんじ色の美しい自然斑が入る人気品種。茎は短く横に広がって群生。極小の花が咲く。

パキフィツム

夏型、春秋型

ベンケイソウ科　細根タイプ
原産地：メキシコ

淡い色合いと肉厚の葉が人気。夏型種ですが、真夏はやや生長が鈍ります。根張りが強いので、1～2年に一度植え替えましょう。

ビリデ

生育タイプ：春秋型
夏の注意：真夏は50%遮光する
冬の注意：3℃以下にしないように
大きさ：小型
葉の長さ約10cm
育てやすさ：☆☆

短い茎にこん棒のようなユニークな形の葉をつけ、パキフィツム特有の美しい花が咲く。

ウエルデマニー

生育タイプ：春秋型
夏の注意：50%くらい遮光する
冬の注意：3℃以下にしないように
大きさ：ひとつの葉の長さ約4cm
育てやすさ：☆☆

かなり肉厚で、白い粉に覆われたグレーの葉が短い茎の上につき神秘的な姿が人気。

星美人《ホシビジン》

生育タイプ：夏型
夏の注意：一年中直射日光に当てる
冬の注意：3℃以下にしないように
大きさ：直径約7cm
高さ約20cm
育てやすさ：☆☆☆

薄いピンクのぷっくりとした卵のような葉が特徴。パキフィツムで一番の人気品種。

笹の雪 ササノユキ

生育タイプ：夏型
夏の注意：一年中直射日光下で
冬の注意：越冬は－3℃まで
大きさ：小～中型　直径約50cm
育てやすさ：☆☆☆

白模様と葉色のコントラストが美しい。耐寒・耐暑性はあり、生長は遅い。

フレキシスピナ

生育タイプ：夏型
夏の注意：一年中直射日光下で
冬の注意：戸外越冬可
大きさ：大型　直径約80～90cm
育てやすさ：☆☆☆

トゲ先がカールする「吉祥天」の変種。強健でガーデン向き。

雷神 ライジン

生育タイプ：夏型
夏の注意：一年中直射日光下で
冬の注意：越冬は3℃まで
大きさ：中型　直径約30cm
育てやすさ：☆☆☆

白っぽく存在感がある葉と、形のいい赤いトゲも特徴。ガーデンのアクセントに鉢ごと置くとよい。

アテナアータ

生育タイプ：夏型
夏の注意：一年中直射日光下で
冬の注意：越冬は3℃まで
大きさ：大型　直径約50cm　高さ約2mまで
育てやすさ：☆☆☆

ライムグリーンの美しい覆輪や縞が入る。トゲがなく扱いやすい。

福兎耳 フクトジ
（別名 白雪姫）

生育タイプ：夏型
夏の注意：真夏は少し遮光する
冬の注意：5℃以下にしないように
大きさ：小型
育てやすさ：☆☆

葉と茎は細くて白いウサギのようなうぶ毛に覆われている。初夏にピンクの花が咲く。株は群生するタイプ。

ゴールデンガール
（別名 チョコレートソルジャー）

生育タイプ：夏型
夏の注意：真夏は少し遮光する
冬の注意：5℃以下にしないように
大きさ：小型
育てやすさ：☆☆

短いうぶ毛が全体を覆い、金色の耳形の葉と縁のチョコレート色が人気。多くの枝を出し群生する。

アガベ

夏型　リュウゼツラン科　太根タイプ
原産地：アメリカ南部、中米

メキシコを中心にアメリカ南部に多いグループで、葉の先端にトゲがあります。テキーラの原料となるのもアガベの仲間です。なかには、とても大きくなる品種もあります。

ギガンテンシス

生育タイプ：夏型
夏の注意：一年中直射日光下で
冬の注意：越冬は－5℃まで
大きさ：大型
育てやすさ：☆☆☆

強健なのでガーデンで豪快に育てて、シンボルにおすすめ。尖った葉先のトゲに注意。

不夜城錦 フヤジョウニシキ

生育タイプ：夏型
夏の注意：一年中直射日光下で
冬の注意：0℃以下にしないように
大きさ：立木性
ロゼット直径約20cm
高さ約80cmくらいまで
育てやすさ：☆☆☆

濃い緑の葉に、黄緑色の斑が不規則に入る。丈夫だが冬は屋内で管理を。

姫吹上 ヒメフキアゲ

生育タイプ：夏型
夏の注意：一年中直射日光下で
冬の注意：越冬は3℃まで
大きさ：小型　ロゼット直径約30〜40cmまで
育てやすさ：☆☆☆

細い葉が放射状に吹き上がる。庭のフォーカルポイントとして。

ストリアツラ

生育タイプ：通年
夏の注意：一年中直射日光下で
冬の注意：0℃以下まで越冬可能
大きさ：中型
高さ約50cmまで
育てやすさ：☆☆☆

株姿は大きく、こんもりとしている。アロエには珍しく霜にも耐えて強健でガーデン向き。

プミラ

生育タイプ：夏型
夏の注意：一年中直射日光下で
冬の注意：越冬は－3℃まで
大きさ：小型
直径約20cmまで
育てやすさ：☆☆☆

写真の親苗は縦縞が美しい。小さいうちは葉が三角形でかわいらしい。

ネリー

生育タイプ：春秋型
夏の注意：一年中直射日光下で
冬の注意：0℃まで越冬可能
大きさ：小型
育てやすさ：☆☆☆

葉にごつごつした白いトゲがつき勇壮な姿が特徴。アロエの中では一番の大輪花（直径10cm）を咲かせ、存在感たっぷりの品種。

アロエ

夏型、春秋型

ツルボラン科（ユリ科）　太根タイプ
原産地：南アフリカ、マダガスカル島

水分をたっぷり含んだ肉厚の葉が、放射状に広がります。とても丈夫で屋外で越冬できる品種も多く、育てやすいです。

カラスモンタナ

生育タイプ：夏型
夏の注意：一年中直射日光下で
冬の注意：0℃まで越冬可能
大きさ：中型
育てやすさ：☆☆☆

白に近い緑色に淡い黄緑の美しい縦縞が入る。少し背が高く育つが葉が重なり合い大きく広がるのでバランスがいい。

ジュクンダ

生育タイプ：夏型
夏の注意：一年中直射日光下で
冬の注意：越冬は3℃まで
大きさ：中型
ロゼット直径約8cm
高さ約50cmくらいまで
育てやすさ：☆☆☆

つややかな葉に黄緑の自然斑が入る。花は淡いローズピンク。

ユーフォルビア

夏型、春秋型

トウダイグサ科　細根タイプ
原産地：アフリカ、マダガスカル島

世界の熱帯から温帯にかけてさまざまな品種がありますが、多肉植物として楽しまれているのは主にアフリカが原産。個性的なフォルムが魅力で、耐寒性はやや弱いです。

オベサ

生育タイプ：春秋型
夏の注意：よく日に当てる
冬の注意：越冬は3℃ 冬は屋内
大きさ：小型
直径約10cmまで
育てやすさ：☆☆

球型でサボテンの兜（カブト）に似ているが、刺座はない。キズがつくと白い毒液を出すので注意。

白樺キリン

生育タイプ：春秋型
夏の注意：よく日に当てる
冬の注意：越冬は3℃ 冬は屋内
大きさ：枝を出していく樹形
高さ約20cm
育てやすさ：☆☆

ユーフォルビア「マミラリア」の白色変種。先端のピンクと肌の色が美しく人気。剪定も可能。

瑠璃晃 ルリコウ

生育タイプ：夏型
夏の注意：よく日に当てる
冬の注意：越冬は3℃ 冬は屋内
大きさ：小型
直径5cm 群生する
育てやすさ：☆☆

サボテンのような突起が面白い球形のユーフォルビア。強光には弱いので真夏のみ50%遮光を。

アエルギノーサ

生育タイプ：春秋型
夏の注意：よく日に当てる
冬の注意：越冬は3℃ 冬は屋内
大きさ：中型
高さ約50〜60cm
育てやすさ：☆☆

青磁色の幹に赤いトゲが映え、小さく枝を伸ばし美しい樹形に。春に黄色い小輪の花が咲く。

紅彩閣 コウサイカク

（別名 エノプラ）

生育タイプ：夏型
夏の注意：よく日に当てる
冬の注意：越冬は3℃ 冬は屋内
大きさ：小型
育てやすさ：☆☆☆

柱サボテンを思わせる姿で、赤くて鋭いトゲが特徴。キズがつくと、白い有毒の液を出すので注意。

ホワイトゴースト

生育タイプ：春秋型
夏の注意：よく日に当てる
冬の注意：越冬は3℃ 冬は屋内
大きさ：大型
高さ約2mまで
育てやすさ：☆☆

乳白色の独特の色と、枝を出してユニークな樹形をつくるのが特徴。（写真後ろの植物はサボテン）

ホリダ

（別名 白衣ホリダ）

生育タイプ：夏型
夏の注意：よく日に当てる
冬の注意：越冬は3℃ 冬は屋内
大きさ：小型
育てやすさ：☆☆

南アフリカの乾燥した岩場などに自生する。サボテンのような存在感のある姿で、夏に小さな紫色の花が咲く。

育てやすさの目安：☆☆☆＝初心者向き　☆☆＝少々注意が必要　☆＝管理に注意が必要

セデベリア・ファンファーレ

ベンケイソウ科・セデベリア属
細根タイプ

生育タイプ：夏型
夏の注意：夏の暑さに少し弱い
冬の注意：3℃以下にしないように
大きさ：直径約7cm
育てやすさ：☆☆

青磁色の細い葉が放射状に出る繊細な多肉植物。群生株になる。

碧魚連 ヘキギョレン

ツルナ科・ブランシア属
細根タイプ

生育タイプ：冬型
夏の注意：夏の直射日光は避ける
冬の注意：0℃以下にしないように
大きさ：枝は10cm以上下垂する
育てやすさ：☆☆

小さな葉と春に咲くピンクの花が特徴。水好きなので乾かさないように。

吹雪の松錦 フブキノマツニシキ

スベリヒユ科・
アナカンプセロス属　細根タイプ

生育タイプ：春秋型
夏の注意：夏の直射日光は避ける
冬の注意：3℃以下にしないように
大きさ：直径約4cm
育てやすさ：☆☆

葉の間から綿毛が出る。ピンクと黄色が混じったグラデーションが美しい。

ルベルシー

スベリヒユ科・
アナカンプセロス属　細根タイプ

生育タイプ：春秋型
夏の注意：夏の直射日光は避ける
冬の注意：0℃以下にしないように
大きさ：小型
ひとつの葉の直径約5mm
育てやすさ：☆☆

球形の小さな葉をたくさんつけ、通年赤く色づいている。

その他

グリーンネックレス

キク科・セネシオ属
細根タイプ

生育タイプ：春秋型
夏の注意：夏の直射日光は避ける
冬の注意：3℃以下にしないように
大きさ：下垂する長さ1m近くまで
育てやすさ：☆☆☆

球状の葉が下垂して伸びる。ハンギングなどで人気。

イエローフンバート

ベンケイソウ科・セデベリア属
細根タイプ

生育タイプ：春秋型
夏の注意：夏の直射日光は避ける
冬の注意：0℃以下にしないように
大きさ：小型　長さ1～2cm
育てやすさ：☆☆☆

セダムとエケベリアの交配種。紡錘形の多肉質の葉をつける。

銀月 ギンゲツ

キク科・セネシオ属／細根タイプ

生育タイプ：春秋型
夏の注意：夏の直射日光は避ける
冬の注意：0℃以下にしないように
大きさ：直径約7cm
育てやすさ：☆☆

白い綿毛に覆われた紡錘形の葉が特徴。春に黄色い花が咲く。

折鶴 オリヅル

ベンケイソウ科・コチレドン属
細根タイプ

生育タイプ：春秋型
夏の注意：夏の直射日光は避ける
冬の注意：0℃以下にしないように
大きさ：葉の長さ約10cm 高さ約20cm
育てやすさ：☆☆☆

肉厚な棒状の葉が斜め上にまっすぐ伸び、折鶴を思わせる。

豊富なアイデアでガーデナーを支える多肉植物ガーデンのプロ

厳選したサボテンや多肉植物を販売。ポット苗だけではなく、オリジナルやセレクトされたセンスのいい鉢に植えられているものもあるので、鉢使いの参考になりそう。

［住所］東京都品川区小山3-11-2-1F
［Tel］03-6421-6055
http://www.tranship.jp/

庭づくりからインテリアまで
グリーンのある生活を提案

TRANSHIP

TRANSHIPはガーデンプランニング、空間デザイン、インテリアデザイン、家具の製作など、手触りのある暮らしをクリエイトするアーティストの集団。最近は多肉植物を取り入れたガーデンも積極的におすすめしているそうです。ショップも展開しており、多肉植物をはじめ観葉植物や、育てやすくて個性的な植物などを扱っていることからグリーンファンに人気。店内にはインテリアに合わせやすい鉢やオリジナル家具など、植物をどう魅力的に見せるかの参考にもなりそうです。

店内にはおしゃれな鉢に植えられたグリーンインテリア家具、小物などが並んでいる。奥にはガーデンプランニングの相談ができるスペースもある。

東京郊外のカフェ2階で
寄せ植え教室

ガーデン&クラフツ

店内の随所にお手本になりそうな寄せ植えやハンギングなど植物を上手に配置しているカフェ。2階で行われている寄せ植え教室の講師は、本書でもリースやハンギングを作成してくれた若松則子さん。寄せ植え教室のご予約は、カフェにて受けつけています。

［住所］
東京都立川市錦町6-23-18
［Tel］042-548-5233
http://www.gardenandcrafts.com/

多肉植物など植物を通して
新しい楽しみ方を発信

Lotus Garden

山形を拠点に日本と海外の花や植物、またその周辺のライフスタイルまでを提案しているフラワーショップ。「ジャパニーズモダンスタイル」を掲げ東京など各地でデモンストレーションを行うなど、個性的な展開が注目されています。多肉植物も多数取り扱っており、オンラインショップでも購入できます。

［住所］山形県酒田市日の出町2丁目11-5　［Tel］0234-24-0878
http://www.lotusgarden.jp/

サボテンと多肉植物の
新しい魅力を発信

サボテン相談室

全国から多肉植物の愛好家が訪れるサボテン相談室。看板犬のサボちゃんが迎えてくれるかも。

温室内には多肉植物の苗や、寄せ植え鉢植えがぎっしり。
珍しい品種もあり、時間がたつのを忘れてしまいそう。

広い敷地に並ぶ、いくつもの温室。そのすべてに多肉植物が所狭しと並んでいます。CMクリエーターとして活躍していた羽兼直人さんがサボテン相談室を開いたのは1995年。サボテンや多肉植物をアートの世界にまで高めたいという思いに突き動かされて、サボテン相談室を開設したそうです。生産・販売から多肉植物を使った空間プロデュースまで行い、新しい感性でサボテンや多肉植物の魅力を発信中。遠方から訪れる人も多く、品種の選び方や育て方など丁寧に相談にのってもらえます。

[住所] 群馬県館林市千代田町4-23　[Tel] 0276-75-1120　http://www.sabotensoudan.jp/

索　引

し

シーオニオン……15
七福神（シチフクジン）……25
ジプシー……73
シャビアナ・ピンクフリル……110
十二の巻（ジュウニノマキ）……8、33、42、71
ジューリー……45
ジュクンダ……121
珠々姫（ジュズヒメ）……24、113
ジュリア……20、70
朱蓮（シュレン）……84
女王の花笠（ジョウオウノハナガサ）……27
白樺キリン（シラカバキリン）……122
白星（シラボシ）……20
白雪ミセバヤ（シラユキミセバヤ）……29
紫麗殿（シレイデン）……42
白姫の舞（シロヒメノマイ）……32、33
神刀（シントウ）……8、15

す

ストリアツラ……121
ストロニフェラ……87、89
スパツラーツム……118
スプリューム・ゴールデンズバッド……40
スプリューム・トリカラー……40、55、71、73
澄絵（スミエ）……111

せ

静月（セイゲツ）……112
青鎖竜（セイサリュウ）……53、94
セダム……115
セデベリア・ファンファーレ……123
センペルビブム……117

そ

象牙団扇（ゾウゲウチワ）〈サボテン〉……21、71

た

タイトゴメ……59、116
高砂の翁（タカサゴノオキナ）……20、43、71、79
ダスティローズ……39
立田（タツタ）……90
玉扇（タマオウギ）……118
玉つづり（タマツヅリ）……93

ち

千代田錦（チヨダニシキ）……42
チワワエンシス……111

つ

月兎耳（ツキトジ）……27、36、43、84、87、91、119
ツメレンゲ……73、75、95、115

て

天錦章（テンキンショウ）……94
天狗の舞（テングノマイ）……92

カクレイ……91
花月（カゲツ）……113
カナリエンセ……43
カフェ……117
カラスモンタナ……121
カランコエ……119
カンテ……98、111

き

ギガンティア……20、70
ギガンテンシス……120
菊日和（キクビヨリ）……113
吉祥冠（キッショウカン）……51
ギビフローラ・ハイブリッド……71、72、73
銀月（ギンゲツ）……123
銀天女（ギンテンニョ）……113
銀波錦（ギンパニシキ）……42、94
銀武源（ギンブゲン）……73
金鈴（キンレイ）……44

く

クーペリー……35、118
クーペリー・ピリフェラ……20
屈原の舞扇（クツゲンノマイオウギ）……81
熊童子（クマドウジ）……92
クラッスラ……112
クラバーツム……39
グラプトセダム・グローリア［光輪］……114
グラプトセダム・秋麗（シュウレイ）……32、39、58、59、72、84、89、91、92、93、96、97、98、100、114
グラプトペタルム……113
グリーンネックレス……17、24、27、38、39、53、123
胡桃玉（クルミダマ）……44
黒法師（クロホウシ）……12、17、18、39、59、79、118

こ

コアルクラータ……24
紅薫花（コウクンカ）……23
紅彩閣（コウサイカク）……122
コーカサスキリンソウ……27
ゴーラム……87
氷砂糖（コオリザトウ）……117
ゴールデンガール……120
五色万代（ゴシキマンダイ）……72
胡蝶の舞（コチョウノマイ）……27、89、93、97
子持ちレンゲ（コモチレンゲ）……53、115
子持ちレンゲ錦（コモチレンゲニシキ）……114

さ

笹の雪（ササノユキ）……28、53、120
砂漠のバラ（サバクノバラ）……45
サルコカウリス……86
サンバースト……12、39
サンバースト・セッカ……118

あ

愛星（アイボシ）……17
アウレア……118
アエオニウム……118
アエルギノーサ……122
赤鬼城（アカオニジョウ）……58、113
茜の塔（アカネノトウ）……112
茜牡丹・ハイブリッド（アカネボタン・ハイブリッド）……72
アガベ……120
アガボイデス……82、90
アガボイデス・レッドエイジ……111
艶姿（アデスガタ）……18、19、84
アテナアータ……120
アトロービエラ・セウムハイリッチ……24、52
アトロプロプレア・アノマーラ……86
アフィニス［古紫］……35、58、59、98、112
アメジスティヌム……114
アメリカーナ……80
アルビディオール……64
アルファ……39
アレニコーラ……42
アレボレッセンス……44
アロエ……121

い

イエローフンバード……92、123
岩レンゲ（イワレンゲ）……73、75、114

う

ウエルデマニー……119
ウッディー……86
ウルビリスク［玉盃］……44

え

エキゾチカ……89
エケベリア……110
エレガンス……111
エレンベルギー……29

お

黄金花月（オウゴンカゲツ）……84
黄金丸葉マンネンソウ（オウゴンマルバマンネンソウ）……90
黄金マンネンソウ（オウゴンマンネンソウ）……116
黄麗（オウレイ）……59、86、94、100
オーストラーレ……39、59、64、115
オーロラ……32、89、91
乙女心（オトメゴコロ）……23、25、42、72、115
朧月（オボロヅキ）……42
オブツーサ……19、117
オベサ……122
折鶴（オリヅル）……123
オロスタキス……114

か

ガイジェスタ……117
雅楽の舞（ガガクノマイ）……33、91、97

赤文字＝属名　［　］＝和名

多肉植物のご購入について

多肉植物は全国の園芸店（フラワーショップ）や、大型ガーデンセンター、サボテン・多肉植物の専門店などで購入できます。また、インターネットのオンラインショップなどでのお取り扱いも増えております。

小さなスペースで楽しむ

はじめての多肉植物ガーデン

監修　羽兼直行　はがね なおゆき

多肉植物やサボテンの専門ショップ「サボテン相談室」オーナー。館林のショップ敷地内にはビニールハウスが大小合わせて4つあり、ほかに館林郊外にあるファームでは大型のサボテン類なども育てている。CMディレクター時代に海外でサボテンや多肉植物の魅力を知り、独学で栽培方法を研究。長年の経験と新しい感性をもとに、サボテンや多肉植物の栽培方法や楽しみ方を提案し続けている。著書に『サボテンスタイル』（双葉社）、『多肉植物ハンディ図鑑』（主婦の友社）など多数。台湾の「サボテン公園」のアートディレクションなど、国際的に活躍している。

編集　マートル舎　篠藤ゆり　秋元けい子

撮影　竹田正道

写真提供　羽兼直行（図鑑写真など）
小野寺瑞穂（南アフリカ品種写真）
齋藤圭介（山形撮影）

デザイン　高橋美保

特別協力　米山雅子　若松則子　畠山秀樹（Lotus Garden/山形県酒田市）
AKOMEYA TOKYO（東京都中央区銀座）

取材協力　市川英夫・澄子　大石恵　奥山政久　角野大弘（TRANSHIP）　河内真希
勝吉育（サボテン相談室）　関上明男　玉村仁美　野本修司　林部陽子　堀内陽子
松田千佳（TRANSHIP）　三村綾香（サボテン相談室）　安元祥恵（TRANSHIP）
米山直宏　ペンション「われもこう」

企画・編集　成美堂出版編集部

はじめての多肉植物ガーデン

監　修　羽《は》兼《がね》直《なお》行《ゆき》

発行者　深見公子

発行所　成美堂出版
〒162-8445　東京都新宿区新小川町1-7
電話(03)5206-8151 FAX(03)5206-8159

印　刷　共同印刷株式会社

ISBN978-4-415-32131-8
落丁·乱丁などの不良本はお取り替えします
定価はカバーに表示してあります